BIBLIOTHÈQUE PUBLIQUE D'ORLÉANS

# CATALOGUE

DES

# INCUNABLES

ET

# DES ÉDITIONS RARES

PAR CH. CUISSARD
Sous-Bibliothécaire de la Ville d'Orléans

ORLÉANS
IMPRIMERIE GEORGES MICHAU ET Cie
9, rue de la Vieille-Poterie, 9

1895

BIBLIOTHÈQUE PUBLIQUE D'ORLÉANS

# CATALOGUE
DES
# INCUNABLES
ET
# DES ÉDITIONS RARES

PAR CH. CUISSARD
Sous-Bibliothécaire de la Ville d'Orléans

ORLÉANS
IMPRIMERIE GEORGES MICHAU ET Cie
9, rue de la Vieille-Poterie, 9

1895

Une circulaire du Ministre de l'Instruction publique, sous la date du 15 février 1886, signalait aux maires « le dessein formé par un assez grand nombre de Bibliothécaires de dresser le catalogue des incunables conservés dans les dépôts confiés à leurs soins et le désir que ces fonctionnaires manifestaient de recevoir des indications précises pour l'exécution de ce travail. » Pour entrer dans ces heureuses dispositions, M. L. Delisle rédigeait des instructions savantes et simples en même temps, qui, appliquées d'après un plan uniforme, pouvaient former une œuvre éminemment utile. Je ne pouvais mieux faire que de suivre « les indications d'un guide aussi exceptionnellement compétent et aussi sûr que l'est le savant Administrateur de la Bibliothèque nationale. » Mon catalogue des incunables de la bibliothèque d'Orléans est « débarrassé de tout appareil technique »; je me suis borné à donner, sur chaque ouvrage, le format, le caractère, la justification à longues lignes ou sur plusieurs colonnes, j'ai indiqué la présence de marques d'imprimeurs ou de libraires, l'enluminure des frontispices et la reliure. Je n'avais d'ailleurs à ma disposition que Brunet et Deschamps et je ne pouvais mieux faire que Hain ou Panzer.

En outre pénétré de ces paroles de dom Poirier, que, « dans les départements l'on rencontre beaucoup d'imprimés du premier âge de la typographie dans les bibliothèques des ordres que l'on appelait Mendians (1) », j'ai étudié les anciens fonds; bientôt j'ai acquis la conviction que la bibliothèque publique d'Orléans ne possédait pas tous les incunables signalés par le Catalogue des Capucins; onze ont entièrement disparu et ce ne sont pas les moins précieux (2). Malgré ces pertes, la bibliothèque publique d'Orléans conserve encore un nombre fort respectable d'incunables et de curiosités bibliogra-

---

(1) Cabinet historique, juillet-août, 1833, nos 4-5, p. 302.

(2) D'après le catalogue ms. 477 bis, il manque les volumes suivants

J. Nidet, praeceptorium divinae legis, Cologne, 1472.

Calderinus in Martialem, Rome, 1474.

Sermones Roberti Caraccioli de Litio, Venise, 1479.

Nicolai de Cusa opera, 1480.

Summa angelica Clavasii, Nuremberg, 1488.

Summa astrologia judicialis, Venise, 1489.

Rob. Holkot super librum sapientiae, Reutlingen, 1489.

Joannes Anglicus, Venise, 1490.

Dionys. Halicarnassei antiquitates, Rome, 1498.

Morâlia S. Gregorii, Brescia, 1498.

Antidotarium salutiferum, Paris, 1499.

Nous avons perdu aussi deux incunables du Séminaire: Apparatus in decretales, Venise, 1495, et Petrarchae opera, Bâle, 1496.

phiques du commencement du XVIe siècle, dont voici l'origine avant et après 1500 :

| | |
|---|---|
| Récollets | 28 + 44 = 72 |
| Augustins | 6 + 18 = 24 |
| Capucins | 10 + 13 = 23 |
| Bonne-Nouvelle | 4 + 18 = 22 |
| Séminaire | 4 + 10 = 14 |
| Fleury | 5 + 7 = 12 |
| Nation germanique | 3 + 9 = 12 |
| Carmes | 2 + 7 = 9 |
| Oratoriens | 4 + 4 = 8 |
| Dominicains | 4 + 4 = 8 |
| Saint-Euverte | 2 + 3 = 5 |
| Micy | 2 + 3 = 5 |
| Jésuites | 5 |
| Hôpital | 2 |
| Minimes | 1 |
| Barnabites de Montargis | 1 |
| Chartreux | 1 |
| Augustins de la Bussière | 1 |
| Célestins d'Ambert | 1 |

Si, à cette nomenclature, on ajoute huit ouvrages sur velin (1), six volumes aux reliures Maioli et Grolier (2) et vingt et un volumes provenant du fonds Prousteau, on aura une idée complète des richesses de la Bibliothèque d'Orléans.

(1) Nos 60, 61, 62, 170, 195, 197, 218, 243.
(2) Nos 140, 171, 210, 251, 260, 336.

# PREMIÈRE PARTIE

## (1467-1500)

---

**1.** C 1583. **Abano (Petrus de).** — *Pavie*, 1490.

1) Conciliator.

*Sans titre, en tête du fol. a* 2 : Conciliator differentiarum philosophorum et precipue medicorum clarissimi viri Petri de Abano Pavini feliciter incipit. Prologus. Vnum in trinario... — *A la fin, au fol. M* 2 : Impressum Papie per Gabrielem de Grassis anno Dni. M.CCCC.XC. die sexta novembris. *Vient ensuite une dédicace :* Franciscus Argilagnes de Valentia, artium et medicine doctor, lectoribus sa. p. d. Cum sepius...

2) De Venenis.

*Sans titre, au fol. N :* Tractatus de venenis a magistro Petro de Abbano editus. De prologo agitur. — *A la fin* : (P) Etri Apponensis libro Conciliatoris divini et eiusdem de Venenis finis Deo duce impositus est. Laus Deo.

In-fol., car. gothiques, à 2 col., 209 differentiae.

Capucinis, ex dono D. Grata.

**2.** A 1365. **Acta Constantiensis concilii.** — *Haguenau*, 1500.

*Titre :* Acta scitu dignissima docte quoque concinnata Constantiensis concilii celebratissimi. — *A la fin :* Impressa in imperiali oppido Hagenow per Henricum Gran inibi incolam expensis Iohannis Rynman. Finiunt feliciter anno millesimo quingentesimo, die XI mensis aprilis.

In-4°, car. gothiques, avec les signat. A-O 4, 36 lignes.

Ex libris S. Maximini. — Ex libris Nicol. Brachet.

**3.** C 3375. **Alberti (Leo Baptista).** — De re aedificatoria. — *Florence*, 1485.

*Sans titre, au fol. a* 1 : Leonis Baptiste Alberti de re aedificatoria incipit. Lege feliciter mVltas et varias artes... — *A la fin :* Florentiae accuratissime impressum opera magistri Nicolai Laurentii Alamani : anno salutis millesimo octuagesimo quinto : quarto Kalendas januarias.

In-fol., car. romains, à longues lignes. Après la date, on trouve 32 vers et ce mot ainsi disposé : El$_{\text{N}}$IS.

**4.** C 115. **Albertus de Saxonia.** — In libros Aristotelis de coelo et mundo. — *Venise*, 1492.

*Titre :* Questiones subtilissime Alberti de Saxonia in libros de coelo et mundo. — *A la fin :* Impresse Venetiis arte Boneti Locatellis..., impensa vero Octaviani Scoti civis Modoetiensis : anno salutis nostre 1492, nono Kalend. novembris.

In-fol., car. gothiques, à 2 col., 51 ff. de 65 lignes.

**5.** A 1384 bis. **Ambroise (Saint).** — Exameron, s. l. ni d. — (*Augsbourg*, 1472.)

*Sans titre :* Tantumne opinionis assumpsisse homines... — Explicit Exameron sancti Ambrosii.

In-fol., car. gothiques, 2 col., 72 ff., a-i 4, init. en couleurs.
Fr. Recollector. Aurel.

**6.** A 2230. **Angelus de Clavasio.** — Summa angelica. — *Venise*, 1495.

*Titre :* Summa angelica de casibus conscientiae per fratrem Angelum de Clavasio. — *A la fin :* Venetiis impressa per Georgium de Arivabenis Mantuanum. Anno dni. M.CCCC. nonagesimo quinto, die vero secundo maii.

In-8, car. gothiques, à 2 col., 519 ff. + 12 ff. de table, marque typ.

**7.** A 2231. **Angelus de Clavasio.** — Summa angelica. — *Strasbourg*, 1498.

*Titre :* Summa angelica de casibus conscientie cum additionibus noviter additis. — *A la fin :* Finit summa angelica per fratrem Angelum de Clavasio completa... Argentine impressa per Martinum Flach inibi concivem : anno dni M.CCCC.XCVIII. mensis vero martii die decimo quinto.

In-fol., car. gothiques, à 2 col., 341 ff., init. en couleurs, rel. ancienne.
Fr. Minorum Recollect. Aurel.

**8.** C 2886. **Angelus (Joannes).** — Astrolabium planum. — *Augsbourg*, 1488.

*Titre :* Astrolabium planum in tabulis ascendens, continens qualibet hora atque momento equationes domorum celi, moram nati in utero matris, cum quodam tractatu nativitatum utili ac ornato necnon horas inequales pro quolibet climate mundi. — *A la fin :* Explicit feliciter Erhardi Ratdolt Augustensis viri solertis eximia industria et mira imprimendi arte qua nuper Veneciis, nunc Auguste Vindelicorum excellit nominatissimus, vigesimo septimo Kalendas novembris. M.CCCC.LXXXVIII.

In-4, car. gothiques, longues lignes, fig. et init.
Capucinis ex dono D. Grata.

**9.** E 1519. **Appien.** — De bellis civilibus. — *Venise*, **1500.**

*Titre* : Appianus Alexandrinus de bellis civilibus. *Au fol. a 2* : Praefacio P. Candidi ad divum Alfonsum et utriusque Siciliae regem in libros civilium bellorum ex Appiano Alexandrino in latinum traductos. — *A la fin :* Impressa Venetiis per Christoferum de pensis: anno nativitatis domini nostri Jesu Christi. M.CCCCC. die vigesimo novembris.

In-fol., car. romains, longues lignes.
Ex conventu S. Augustini Aurel.

**10.** A 1410. **Ars bene moriendi.** — (*Paris*, **1483.**)

*Titre :* Artis bene moriendi perutilis tractatus feliciter incipit. — *A la fin :*

Qui de terra sumeris, dic homo cur abuteris ?
Cerne quid es et quid eris
Modo flos es et verteris in favillam cineris.

Tractaculus metricus a beato Bernardo editus de mortis meditatione finit feliciter.

In-8, car. gothiques, 24 ff. Cf. n° 32.
Sum Claudii Carterel 1560.

**11.** C 2741. **Astronomici veteres.** — *Venise*, **1499.**

*Titre* : Iulii Firmici astronomicorum libri octo integri et emendati. Marci Manilii astronomicorum libri quinque. Arati phaenomena Germanico Caesare interprete cum commentariis et imaginibus, Arati eiusdem phaenomenon fragmentum Marco T. C. interprete; Arati eiusdem phaenomena Ruffo Festo Avieno paraphraste; Arati eiusdem phaenomena graece. Procli Diadochi sphaera graece; Procli eiusdem sphaera Thoma Linacra Britanno interprete. — *A la fin* : Venetiis cura et diligentia Aldi Ro. mense octobr. M.ID.

In-fol., car. romains (Cf. Renouard, *Annales de l'imprimerie des Alde*, I, 26 Brunet, I, 533).
Guill. Prousteau.

**12.** C 1588. **Auenzohar et Averroes.** — De medicina. — *Venise*, 1490.

1) *Sans titre, au fol.* 1 : Prohemium. In nomine domini. Amen. Incipit liber theorisi dahalmodana vahalta dabir, cujus est interpretatio rectificatio medicationis et regiminis, editus in arabico a perfecto viro Abumarvam Auenzohar et translatus de hebraico in latinum Venetiis a magistro Paravicio physico ipso sibi vulgarizante magistro Jacobo hebreo. Anno domini Jesu Christi. M.CC.LXXX. primo mense augusti die jovis in meridie, secundo ducante Venetiis viro egregio et preclaro dno Iohanne Dandolorum secundo anno sui ducatus... Incipit prohemium auctoris. dIxit servus regis... — *A la fin, fol.* 40 : Explicit liber Auenzohar.

2) *Titre :* Colliget Auerroys. *Fol.* 2 : Incipit liber de medicina Auerrois qui dicitur Colliget... — *A la fin, fol.* 64 : Expliciunt tractatus artis medicine famosissimorum virorum Albumeron Auenzohar et Auerroys studiose correcti, impressi Venetiis per Ioannem de Forlivio et Gregorium fratres. Anno salutis. M.CCCC.LXXXX. die quinta mensis januarii.

In-fol., car. gothiques, à 2 col., marque typ. aux initiales Z. G.

**13.** A 1384 *bis*. **Augustin (Saint).** — Liber praelocutionis. — S. l. ni d. (vers **1473** ?).

*Titre* : Incipit liber praelocutionis beatissimi patris nostri Augustini et eius contemplationis... — *A la fin* : Explicit liber de meditatione.

In-fol., car. gothiques, sans pagination, chiffr. ni récl. 14 ff.

Ecclesie beate Marie de Parisiis. — Recollect. Aureliae.

**14.** A 1410. **Augustin (Saint).** — Speculum peccatoris. — *Paris*, **1483**.

*Titre* : Incipit speculum peccatoris editum a b. Augustino. Quoniam, carissimi, in via huius vite fugientes sumus...

In-8, car. gothiques, sans chiff. ni récl. 6 ff.

**15.** A 1607. **Augustin (Saint).** — *Bâle*, **1494**.

1) Sermons.

*Titre* : Plura ac diversa divi Aurelii Augustini sermonum opera videlicet ad fratres in heremo commorantes, sermones LXXV.

In-fol., car. dits de Saint-Augustin, 2 col. Au verso du fol. a, on voit une gravure avec cette inscription : « Salve, gemma confessorum, Augustine, lux doctorum » ; 76 ff. comprenant le titre, 32 distiques de Sébastien Brand, une vie de saint Augustin, le Te Deum, un sermon de saint Ambroise pour le baptême de S. Augustin, les trois Règles de ce même docteur, 76 sermons, la vie de sainte Monique et plusieurs éloges de l'évêque d'Hippone et enfin une table renfermant les pensées principales des sermons.

2) Exposition de l'épitre de St. Jean.

*Titre* : Expositio divi Aurelii Augustini in epistolam beati Iohannis. — *A la fin* : Basilee, anno dni. M.CCCC.XCIIII.

In-fol., mêmes car., 25 ff., 52 lignes. Après le titre, indication de plusieurs autres ouvrages de saint Augustin, qui devaient faire partie du volume, mais qui ne s'y trouvent plus ou qui peut-être même ne s'y sont jamais trouvés.

Oratorii Aurel.

**16.** A 1608. **Augustin (Saint).** — Explication des Psaumes. — *Bâle*, **1497**.

*Titre* : Aurelii Augustini prima quinquagena. *Au fol. A* : Aurelii Augustini secunda quinquagena. — *A la fin* : Consummatum Basilee per magistrum Ioannem de Amerbach, anno dni. M.CCCC.XCVII.

In-fol., car. gothiques, 2 col., signat. a — o6, A — V4, aa — H5, Aa — Ff 5, 63 lignes, init. en couleurs.

Augustin. Aurel. — Ex libris L. Chantereau, abb. monast. S. Evurtii Aurel. (1527-1531).

**17.** C 3157. **Bellantius (Lucius).** — De astrologica veritate. — *Florence*, **1498.**

*Titre* : Lucii Bellantii Senensis physici liber de astrologica veritate et in disputationes Ioannis Pici adversus astrologos responsiones. — *A la fin* :... diligenter impressit Gherardus de Haerlem Florentie die VIII maii. M.CCCC.LXXXXVIII.

In-fol., car. romains, 2 col., signat. a — u 3, 42 lignes.

Capucinis Aurel. ex dono D. Grata.

**18.** D 2728. **Béroaldus (Philippus).**

1) De felicitate. — *Paris*, **1500.**

*Titre* : Philippi Beroaldi de felicitate opusculum. *Au fol.* 3 *par erreur pour a* 2 : Ad illustrem marchionem Iacobum Badensem Philippi Beroaldi Bononiensis epistola. Soleo ipse... *Au fol. a* 3 : Oratio Ph. Beroaldi Bononiensis de felicitate habita in enarratione Georgicon Virgilii et Columellae. Magna res... — *A la fin* : Impressum tersius opera Thielmanni Kerver in inclyto Parrhisiorum gymnasio. V. calendas aprilis anni millesimi quingentesimi.

In-4°, car. romains, 16 ff., 40 lignes ; après le titre marque typ. aux init. I. P., et au-dessus : Venditur in leone argenteo vici sancti Iacobi.

2) De optimo statu. — *Paris*, **1500.**

*Titre au fol. Aa :* Philippi Beroaldi libellus de optimo statu. — *A la fin :* Impressum Parrhisiis quarto idus aprilis anno millesimo quingentesimo per Thielmannum Kerver pro Ioanne Parvo, qui id vendit in leone argenteo.

In-4°, mêmes car., 14 ff.

3) De excellentia disceptantium. — *Paris*, **1500.**

*Titre* : Ph. Beroaldi opusculum eruditum quo continetur declamatio philosophi medici et oratoris de excellentia disceptantium. *Au fol. a* 2 *:* Ad clarissimum Paulum Sidlovitium scholasticum Polonum Ph. Beroaldi Bon. epistola... — Vale, decus scholasticorum et dilige doctorem. *Au fol. a* 3 *:* Ph. Beroaldi declamatio an orator sit philosophus et medico anteponendus. — *A la fin :* Finis huius opusculi impressi Parrhisiis a Thielmanno Kerver ad calendas aprilis anno 1500.

In-4°, 8 ff., après le titre, marque typ. I. P. (Ioannes Parvus), au dernier fol v° marque typ. de Th. Kerver.

Les feuillets de garde contiennent, écrits sur parchemin, l'office de saint Étienne et 107 vers léonins relatifs à la grammaire avec des commentaires, du XIVe siècle.

Cur non ponatur prior A, pleris dubitatur ;
Nam cum nascatur puer, hec statim recitatur
. . . . . . . . . . . . . . . . . . . . . . . .
Sicut vectigal aliter sicutque bidental.

Ces feuillets sont à 2 col., mais la seconde a été coupée par la moitié.

Liber inclytae nationis Germanicae.

**19.** E 540, E 1285. **Bertrandus (Petrus).** — De jurisdictione. — *Paris*, 1495.

*Titre :* Libellus per Petrum Bertrandi de jurisdictione. *Au fol. aa:* (L)Ibellus iste conflatus est et compositus per dnum Petrum Bertrandi utriusque juris professorem, tunc episcopum Eduensem, nunc vero cardinalem, adversus dnum Petrum de Cugneriis, super facto prelatorum ecclesie gallicane anno dni millesimo tricentesimo vicesimo nono die prima mensis septembris. — *A la fin* : Impressus Parisii per mag. Iohannem Philippi Alemannum in vico sancti Iacobi ad intersignium sancte Barbare anno dni millesimo quadringentesimo nonagesimo quinto, secunda aprilis.

In-4°, car. gothiques, 2 col., 18 ff. avec les signat. aa — bb et la marque typ. de J. Philippi.

Fr. Recollect. Aurel.

**20.** A 123. **Bible historiée.** — *Paris*, 1495.

*Titre :* Le premier volume de la bible historiée. *Au fol. a :* Le prologue. En persévérant tousiours de bonne affection... — *A la fin :* Cy finist le premier volume de la bible historiée, imprimé à Paris pour Anthoyne Verard libraire demourant à Paris sur le pont Nostre Dame a lymaige sainct Iehan levangeliste ou au palais au premier pillier devant la chapelle ou on chante la messe de messeigneurs les présidens.

In-fol., car. gothiques, 2 col,, 353 ff., marque typ. d'A. Vérard.

Fr. Minor. Recollect. Aurel., ex dono Am. Choq, pastoris S. Catharinae et ecclesiae cathedr. pœnitentiarii, anno 1676.

**21.** A 33. **Biblia.** — S. l. n. d. — (*Mayence*, 1472.)

*Sans titre* : Incipit epistola sancti Iheronimi ad Paulinum presbiterum de omnibus divine historie libris. Frater Ambrosius, tua michi munuuscula perferens, detulit simul et suavissimas litteras... — *A la fin* : Explicit psalterium.

In-fol., 2 col , impression sur ligne rouge, 48 lignes, init. en couleur à la main, marque typ. de Schoiffer, le second volume manque, rel. bois, note manuscrite, faite en 1774, sur la date d'impression de cette bible (1).

(1) L'abbé de Saint-Léger écrivait à Dom Fabre le 12 avril 1783 : « Je conçois que vous ne pouvez plus vous défaire de votre premier volume dépareillé de la bible, ce qui est un malheur, car si l'on trouvait le second tout seul, vous le payeriez fort cher. » Autographe de la biblioth. d'Orléans.

**22.** A 34. **Biblia.** — *Lyon*, 1479.

*Sans titre, au fol.* 2 : Prologus in bibliam. Incipit epistola sancti Hieronymi ad Paulinum... — *A la fin* : Explicit biblia impressa Lugduni per Perrinum Lathomi de Lotharingia M.CCCC.LXXIX.

Petit in-fol., car. gothiques, 2 col., 47 lignes, init. en couleur, sans pagination.
Ex libris S. Evurtii Aurel.

**23.** A 35. **Biblia, avec la glose ordinaire.** — S. l. ni d.

*Sans titre* : Incipit epistola sancti Hieronymi... *Au fol.* 3 *v°* : Glosa ordinaria incipit...

In-fol., car. gothiques, 2 et 4 col., signat. irrégulières, 4 volumes : 225, 326, 296 et 338 ff., sans pagination, mesure stychométrique, init. or, vermillon, rouge et bleu, rel. peau blanche. La glose est disposée au haut, au bas et sur les côtés.

**24.** A 36. **Même ouvrage.** — S. l., 1485.

*Sans titre* : Prologus in bibliam. Incipit epistola sancti Hieronymi... — *A la fin de l'Apocalypse*, les vers suivants :

Fontibus ex grecis hebreorum quoque libris
Emendata satis et decorata simul.
Biblia sum presens, superos ego testor et astra :
Est impressa nec in orbe mihi similis.
Singula queque loca cum concordantibus exstant
Orthographia simul que bene pressa manet.
M. CCCC. LXXXV.

In-fol., car. gothiques, 2 col., 1022 pages, indication des épîtres et des évangiles pour les dimanches et les fêtes ; les chap. 1 et 2 des Proverbes manquent.
Fr. Minor. Aurel.

**25.** A 38. **Même ouvrage.** — *Venise*, 1487.

*Titre* : Biblia. — *A la fin* : Explicit biblia Venetiis impressa per Georgium de Rivabenis Mantuanum, alias Parentem, anno dni M.CCCC.LXXXVII. tertio kal. martii.

In-4°, car. gothiques, 2 col.
Ex libris Danielis Temporarii.

**26.** A 37. **Même ouvrage.** — S. l. (*Lyon*), 1494.

1) *Sans titre, fol. a* 2 : Prologus in bibliam. Incipit epistola beati Hieronymi... — *A la fin* : Impressum per magistrum Mathiam Hus Alemannum anno legis nove millesimo quadringentesimo nonagesimo quarto.

In-4, car. gothiques, 2 col., signat. a-Aa.

2) Margarita de Gui de Pileo.

*Sans titre* : Incipit liber qui dicitur Margarita. *Au fol.* 8 : Incipit liber qui dicitur Margarita compilatus a fratre Guidone Vincentino, ordinis predicatorum, episcopo Ferrariensi, ad retinendum aliqualiter memorie omnia capitula bibliorum.

Nobile principium terre, celi reseratur .1.
Ordine quove Deus distinguens cuncta creavit.
. . . . . . . . . . . . . . . . . .
Explicit liber qui dicitur Margarita. .
(E) Cce Ihesu Christi claudo pietate libellum
Leticie cupiens celestis habere libellum.
Sit benedictus homo Deus et de virgine natus,
Credentis sacris verbis salvare paratus :: (1).

In-4°, car. gothiques, 59 ff., 30 lignes, sans ch. ni récl.
Fr. Minorum Aureliæ.

**27.** D 3285. **Boccacio (Giovanni).** — Genealogiae, de montibus, etc. — *Venise*, 1494.

*Titre* : Genealogiae Ioannis Boccatii cum demonstrationibus in formis arborum designatis. Eiusdem de montibus et sylvis, de fontibus, lacubus et fluminibus ac etiam de stagnis et paludibus necnon et de maribus, etc... — *A la fin* : Venetiis ductu et expensis nobilis viri D. Octaviani Scoti civis Modoetiensis M.CCCC.XCIIII septimo kalendas martias finis impositus fuit huic operi per Bonetum Locatellum.

In-fol., car. romains, à longues lignes pour la 1re partie, à 2 col. pour la seconde et à 3 pour la table, 162 ff., marque typ. O. S. M. (Octavianus Scotus Modoetiensis).

**28.** C 3163. **Bonatus de Forlivio (Guido).** — Liber astronomicus. — *Augsbourg*, 1491.

*Titre* : Registrum Guidonis Bonati de Forlivio. Liber introductorius ad indicia stellarum. — *A la fin* : Explicit magistri Ioannis Angeli, viri peritissimi diligenti correctione Erhardique Ratdolt viri solertis eximia industria et mira imprimendi arte, qua nuper Veneciis, nunc Auguste Vindelicorum excellit nominatissimus, septimo kal. aprilis M.CCCC.LXXXXI.

In-4°, car. gothiques, à longues lignes.

**29.** A 1410. **Bonaventure (Saint).** — Dialogus. — *Paris*, 1483.

*Sans titre, au fol. A 2* : Incipit dyalogus sancti Bonaventure cardinalis, in quo anima devota meditando interrogat et homo mentaliter respondet... — *A la fin* : Impressus Parisius anno dni millesimo CCCC vicesimo tertio (*sic*) mensis octobris.

In-8°, car. gothiques, à longues lignes, 31 ff.

**30.** A 1121. **Bréviaire d'Orléans.** — *Rouen*, 1491.

*Au fol. A 1* : In nomine Domini nostri Iesu Christi. Amen. Ordo psalterii secundum morem et consuetudinem ecclesie et dyocesis Aurelianensis feli-

(1) Cf. Echard, *Scriptores ordinis Praedicatorum*, t. I, 574 et t. II, 819.

citer incipit... — *A la fin du propre des saints, qui s'arrête à l'office de saint Éloi*: Visa, correcta, redacta et emendata fuerunt hec breviaria per me Nicholaum de Ponte, presbyterum, in decretis licentiatum, capicerium ecclesie collegiate Sancti Petri Puellarum Aurelianensis, evocatis mecum certis personis ecclesiasticis circa usum ecclesiasticum expertis et usitatis. Impressa Rothomagi, in domo Iohannis le Bourgoys, anno dni millesimo. CCCC. nonagesimo primo, prima die mensis decembris.

In-16, car. gothiques, 2 col. Ce bréviaire, qui ne contient que les parties d'été et d'automne et le propre des saints, à partir du 12e des calendes de juin jusqu'aux calendes de décembre, est composé de la manière suivante : cahier non signé où se trouvent quelques notions du comput et le calendrier sans les mois de novembre et de décembre ; cahiers A-L renfermant l'ordre du psautier ; cahiers eee-nnn avec le propre du temps ; cahiers EE-Aa pour le propre des saints ; enfin cahiers L-O4 pour le commun et l'office des morts.

Séminaire d'Orléans.

**31.** E 320. **Breydenbach (Bernard).** — Des sainctes pérégrinations de Jérusalem. — *Lyon*, 1488.

*Sans titre* : Des sainctes pérégrinations de Iherusalem et des avirons et des lieux prochains, du mont de Synay et la glorieuse Katherine... *Vient ensuite la dédicace* : A treshaulte et tresredoubtée princesse la reine de France, Marguerite... par frère Nicole le Huen, humble professeur en saincte théologie... — *A la fin* : Imprimé à Lyon par honestes hommes Michel Topie de Pymont et Iacques Heremberck dalemaigne demourant oudit Lyon lan de nostre seigneur mille CCCC quattre vingtz et huictz et le XXVIII de novembre.

In-4°, car. gothiques, à longues lignes, marque typ. et feuillet contenant les animaux de la Judée; les cartes de Venise, de Candie et de la Terre-Sainte manquent.

Capucinis Aurel.

**32.** A 1384 *bis*. **Butrio (Antonius de).** — S. l. (*Louvain*) ni d. (avant 1493.)

1) Speculum de confessione.

*Sans titre, au fol. a 2* : Speculum de confessione. (C)Ompulsus equidem fui, fratres carissimi... — *A la fin* : Circa presens opusculum de confessione nuncupatum, quod compositum fuit per dominum Antonium de Butrio Bononiensem, utriusque iuris doctorem excellentissimum... Et hoc opus accuratissime cum omni diligentia effigiatum impressum est per me Ioannem de Westfalia.

In-fol., car. gothiques, 2 col., 26 ff.

2) Speculum aureum.

*Sans titre, au fol. e* : Opusculum quod speculum aureum anime peccatricis inscribitur incipit feliciter. (V)Anitas vanitatum... — *A la fin* : Speculum aureum a quodam Cartusiense editum finit feliciter impressumque per me Ioannem de Westfalia.

In-fol., mêmes car., 16 ff.

3) Ars bene moriendi.

*Sans titre, au fol. g* : Incipit tractatus artis bene moriendi perutilis. (C)Vm de presentis exilii miseria... — *A la fin* : Artis bene moriendi cunctis perutilissime felix finis.

In-fol., mêmes car., 10 ff.

**33.** A 985. **Canonis missae expositio.** — S. l. ni d.

*Sans titre* : Officii missė sacrique canonis expositio et signorum que inibi quotidie fiunt mistice representationis declaratio, cum periculorum contingere potentium obviacione in alma universitate Lipczensi edita incipit feliciter. Reverendi patres et domini, cogitanti michi crebrius... quid laboris quidve utilitatis pro felici incremento novelle plantationis illustrium principum dominorum marchionum Missenensium videlicet alme nostre universitatis Libczensis facere possem... *Au fol.* 2 : Ad honorem benedicte et individue Trinitatis, Patris videlicet et Filii et Spiritus sancti sanctorumque patronorum huius diocesis Merseburgensis et sancti Iohannis Baptiste et sancti Laurencii necnon pro felici incremento universitatis Libczensis... — *A la fin* : ... ut in eternum laudemus eum qui vivit et regnat in secula seculorum Deus. Amen.

In-fol., car. gothiques, à longues lignes, sans ch., récl. ni signat., 181 ff. (plusieurs ont été enlevés), 35 lignes, init. en couleur.

**34.** E 540, E 546. **Cassiodore.** — Historia ecclesiastica. — S. l. n. d. (*Paris*, **1489-1500**).

*Titre* : Cassiodori senatoris viri Dei | de regimine ecclesie primitive hy | storia tripartita feliciter incipit. *Au fol.* 2 : In hoc corpore continentur hystorie ecclesiastice. — *A la fin* : Historie ecclesiastice explicit liber duodecimus et ultimus.

In-4, car. gothiques, 2 col., 54 lignes, avec les signat. a-n, A-B, au-dessous du titre marque typ. de Wolf.

Bibliothecae Prustellianae 1770. — Fr. Recollect. Aurel.

**35.** A 1677. **Cassiodore.** — Expositio psalterii. — S. l. (*Bâle*, **1491.**)

*Titre* : Cassiodori clarissimi senatoris in psalterium expositio. *Au fol.* 2 : Prestanti viro dno Ioanni de Amerbach in liberalibus artibus Parisiensi magistro frater Ioannes de lapide monachus ordinis Carthusiensis optat salutem... — *A la fin* : ... arte impressoria perfecta est per magistrum Ioannem de Amerbach preclare Basiliensis urbis civem anno dni. M.CCCC.XCI. Τελός.

Petit in-f°, car. gothiques, 2 col.

**36.** C 1579. **Celsus (Cornelius).** — De medicina. — *Florence*, 1478.

*Sans titre, au fol.* 1 v° : Fontius Bartholomeus Saxetto suo salutem. Ex omnibus... *Au fol.* 2 r° : Cornelii Celsi de medicina liber incipit... — *A la fin* : Cornelii Celsi de medici | na liber finit Floren | tiae a Nicolao im | pressus anno | salutis M | CCCCL | XXV | III.

Petit in-fol., car. romains, 196 ff., 34 lignes, à vergeures tantôt horizontales, tantôt perpendiculaires.

**37.** E 3716. **Diogenes Laertius.** — De philosophorum vita. — *Paris,* s. d. (1483-1502).

*Titre* : Diogenis Laertii historiographi de philosophorum vita decem perquam fecundi libri ad bene beateque vivendum. — *A la fin* : Laertii Diogenis vitae et sententiae eorum qui in philosophia probati fuerunt non antea Parisiis impresse, finis pro Ioanne Parvo... τελος ω Θεω Χαρις.

In-4, car. romains, 8 ff. limin., 137 ff. chiffrés, 40 lignes, après le titre marque typ. de J. Petit, différente de celles qu'a publiées Silvestre, au v° gravure représentant l'auteur du livre, à la fin marque typ. de Guy Marchant, rel. ancienne.

Sur le feuillet de garde : « Maturinus Boju, avunculus meus, vir omnium judicio theosebris, hoc est, divini tam cultus quam omnigene virtutis amantissimus, hunc de vita philosophorum librum ingenti pecunia sibi comparavit, quem michi Francisco Parceval suo nepoti dono dedit.

**38.** A 961. **Durandus (Guillelmus).** — Rationale divinorum officiorum. — *Paris*, 1475.

*Titre* : Rationale diuinorum officiorum doctissimi patris Guillermi, episcopi ecclesie Mimatensis, incipit feliciter. — *A la fin, après l'index* : Impressa Parisius per Martinum Ulricum et Michaelem anno dni. M. CCCC. LXXV. die XIII mensis aprilis.

In-fol., car. romains, 2 col., sans signat.

Monasterii Floriacensis.

**39.** A 1775. **Egidius de Roma.** — In secundum librum Sententiarum. — *Venise*, 1482.

*Sans titre*, *au fol. a* : Excellentissimi sacre theologie dni Egidii Romani archipresulis Bituricensis, ordinis fratrum Heremitarum diui Augustini, super secundo libro Sententiarum... — *A la fin* : Opus dignissimum Lucas Venetus Dominici, librariae artis peritissimus, summa cura et diligentia Venetiis impressit anno salutis. M. CCCC. LXXXII. IIII nonas maii.

In-fol., car. romains, 2 col., 59 lignes, rel. ancienne.

Fr. Augustin. Aurel.

**40.** E 1709. **Eneas Silvius.** — S. l. ni d. (*Memmingen*, vers 1490; *Nuremberg*, vers 1486, d'après Pothast.)

1) In Europam.

*Titre* : Aeneas Silvius in Europam. — *A la fin* : ... hyspanicarum quoque rerum moderator et arbiter esse videtur et cetera.

In-4, car. gothiques, à longues lignes, 33 lignes, signat. a-l. Au fol. 1 v°, lettre de l'éditeur Michel Custan de Constance, à l'évêque de cette ville, Othon IV de Sonnenberg (1475-1490), dans laquelle il lui dit que Albert Kunnen de Duderstadt, imprimeur à Memmingen, désire donner de cet ouvrage une édition plus pure et plus correcte (1). Au fol. a 2, dédicace de l'auteur, Eneas de Picolhominibus (Piccolomini), au cardinal Antoine de Lérida.

2) Historia Bohemica.

*Titre*: Eneē Silvii Senen. cardina | lissete Sabine. Historia Bo- | hemica notabilis et jocunda. | a principio gentis usque ad Ge | orgium Poggiebrantium, Ladislai | regis successorem, porrecta ad | illustrissimum dnum Alfonsum | regem Aragonun conscripta. — *A la fin* : ... nobis persuasum est armis acquiri regna : non legibus.

In-4, car. gothiques, 2 col., 38 lignes, signat. a-h.
Conventus S. Augustini Aurel.

**41.** D 2728, D 2729. **Erasme.** — Adagia. — *Paris*, 1500.

*Titre* : Desyderii Herasmi Roterdami veterum maximeque insi | gnium paroemiarum id est adagiorum collectanea. *Au v°* Faustus Andrelinus poeta regius Herasmo suo salutem. Legi ego... — *A la fin* : Impressum hoc opus Parrhisiis in via divi Marcelli ac domo que indicatur divina Trinitas Augustino Vincentio Caminado a mendis vindicatore, M. Iohanne Philippo Alamanno diligentissimo impressore anno M. V. C.

In-4, car. romains, à longues lignes, signat. a-i, plus 2 ff. pour le titre et la préface.

**42.** E 385. **Eusèbe de Césarée.** — Liber chronicarum. — S. l. ni d. (*Milan*, vers 1475).

*Sans titre* : Adiuro te... Incipit liber chronicarum Euxebii Hieronymi cum supperadditis divi Hieronymi et Prosperi... — *A la fin* : ... Mediolanenses laudem receperunt.

Petit in-fol., car. romains, 208 ff., 35 lignes, sans ch., récl., ni signat., init. en couleur. Au fol. 1 v°, onze distiques de l'éditeur Bonimus Mombritius :

. . . . . . . . . . . . . . . . . . . .
Condidit Eusebius tecumque, Hieronyme, Prosper,
Mathaei pars est ultima Palmerii ;
Omnibus ut pateant, tabulis impressit ahoenis
Utile Lavania gente Philippus opus.

Fr. Recollector. Aurel.

**43.** E 546. **Eusèbe de Césarée.** — Historia ecclesiastica. — *Paris*, 1497.

*Titre* : Hystoria ecclesiastica. — *A la fin* : Eusebii Cesariensis ecclesiastica finit hystoria per magistrum Goffredum Boussardum sacre pagine doctorem eximium exactissime correcta et emendata, diligentia Petri Levet Parisii

(1) Albert Kunnen imprime, à Memmingen, en 1482, le *Fasciculus temporum*.

impressa expensis Iohannis de Combelens et prefati Levet anno 1497, pridie Kalendas septembres.

In-4, car. gothiques, 2 col., signat. a-m, A-B, après le titre, marq. typ. de P. Levet. Fr. Recollect. Aurel.

44. C 168. **Ficinus (Marsilius).** — De triplici vita. — S. l. ni d. (avant **1496**).

*Titre* : Marsilius Ficinus Florentinus de triplici vita. — *A la fin* : ... apologia quedam... XVI septembris M. CCCC. LXXXVIIII, in agro Caregio.

In-8, car. romains, à longues lignes, 26 lignes, signat. a-r, au-dessous du titre marque typ. de Wolff.

Pro me Joanne Debarra, ecclesie Andegavensis thesaurario regioque secretario. 1496.

45. C 3433. **Gaffori (Franchini).** — Theoria musice. — *Milan*, **1492**.

*Titre* : Theoria musice Franchini Gafuri Laudensis. — *A la fin* : Impressum Mediolani per magistrum Philippum Mantegatium dictum Cassanum opera et impensa magistri Ioannis Petri de Lomatio anno salutis M. CCCC. LXXXXII, die XV decembris.

In-fol., car. romains, signat. a-K.

46. E 1806. **Gaguin (Robert).** — Compendium super Francorum gestis. — S. l, ni d. (*Paris*, **1499-1500**).

*Titre* : Compendium Roberti Gaguini super Francorum gestis ab ipso recognitum et auctum. — *A la fin* : ... poena indicta est quinto idus ianuarii anno christianae religionis M. CCCC. nonagesimo nono.

In fol., car. romains, à longues lignes, 45 lignes, 169 ff. de texte, plus 6 ff. prélimin. et 4 ff. à la fin. Au commencement et à la fin, sur toute la page, gravure représentant, en son milieu, l'écusson de France, au haut d'une colonne soutenue par la Justice et par la Foi, à droite S. Denys et S. Remy et au-dessus Mont-Ioye. S. Denys; sur les côtés, les armoiries de Reims, Langres, Laon, Beauvais, Chalons, Noyons et des provinces de Bourgoigne, Normandie, Guyenne, Champaigne, Toulouze et Flandres ; au bas de la colonne le distique suivant :

Hec sunt Francorum celebranda insignia regum,
Que demissa polo sustinet alma Fides.

Car. Meusnier, doct. et soc. Sorbonicus.

47. A 1384 *bis*. **Gerson (Jean).** — Alphabetum divini amoris. — *Louvain*, s. d.

*Sans titre, au fol. a a :* AD honorem omnipotentis Dei aliquos modos et vias pro elevatione mentis in Deum propono conscribere... — *A la fin :* Explicit alphabetum divini amoris de elevatione mentis in Deum venerabilis magistri Ioannis Gerson cancellarii Parisiensis impresum (*sic*) Lovanii per me Ioannem de Westfalia.

In-fol., car. gothiques, 15 ff. à longues lignes.

**48.** C 1341. **Glanville.** — Le Propriétaire des choses. — *Lyon*, 1485.

*Sans titre, au fol. a* 2; Prologue. Cy commence ung tres excellent livre nomme le Proprietaire des choses... — *A la fin, au v° du dernier fol.*, 1re *col.* : Cestuy livre des proprietez des choses fut translate de latin en francoys lan de grace mil CCCC LXXII par le commandement de tres puissant et noble prince Charles le Quint de son nom... et le translata son petit et humble chappelain frere Jehan Corbichon... et a este revisite par venerable et discrete personne Pierre Ferget docteur en theologie du couvent des Augustins de Lyon. Et imprime audit lieu de Lyon par honnorable homme maistre Guillaume le Roy maistre expert en lart de impression le XXVI iour de ianvier mil CCCC LXXXV.

In-fol., car. gothiques, 2 col., 44 lignes, signat. a2-z4, A-S, init. et gravures.
Capucinis Aurel.

**49.** A 1776. **Grégoire de Arimino.**

1) In secundum Sententiarum. — *Milan*, 1494.

*Sans titre, au fol. a* 2: Gregorii Ariminensis ordinis Heremitarum divi Augustini ac sacre pagine magistri in secundo Sententiarum admiranda expositio... — *A la fin*: Impressum Mediolani ope ac impensa magnifici viri dni Petri Antonii de Castelliono Mediolanensis per magistrum Uldericum Scinzenzeler anno salutis dominice. M. CCCC. LXXXXIIII. die XV martii.

In-fol., car. gothiques, 2 col., 60 lignes, signat. a2-u5, après le registre marque typ. de Ulric Scinzenzeler.

2) In primum Sententiarum. — *Paris*, s. d. (1513-1542).

*Titre*: Gregorius de Arimino in primum Sententiarum nuperrime impressus et quam diligentissime sue integritati restitutus per doctissimum sacre pagine professorem fratrem Petrum Garamanta. Venundatur Parrhisiis a Claudio Chevallon in vico Iacobeo sub intersignio divi Christofori.

In-fol., car. gothiques, 2 col., 67 lignes, 187 ff., marque typ de C. Chevalon.

**50.** B 24. **Gratien.** — Decretum cum apparatu Barth. Brixiensis. — *Bâle*, 1482.

*Sans titre, au fol. a* 1: Incipit concordia discordantium canonum ac primum de iure nature et humane constitutionis. Humanum genus duobus regitur naturali videlicet jure et moribus... — *A la fin, en car. rouges*: Anno dominice incarnationis M. CCCC. LXXXII, nonis septembribus in nobili urbe Basilea, hoc presens Graciani decretum una cum apparatu Bartholomei

Brixiensis... Michael Wentzler suis consignando armis feliciter consummavit.

In-fol., car. gothiques, 4 col., signat. a-z5, aa-qq5 ; la lettre M a une forme particulière ; à la fin marque typ. de Michel Wentzler.

**31.** C 25. **Gratien.** — Decretum. — *Venise*, 1489.

*Sans titre, à la fin* : Divinus decretorum codex impressus Venetiis impensa ac diligentia Thome de Blavis de Alexandria feliciter explicit anno salutis christiane millesimo. CCCC. LXXXVIIII, die VI februarii.

In-4, car. gothiques, 4 col., signat. a-z, A-T, 520 ff. A la fin, marque typ. de Thomas de Alexandria, en rouge.

**32.** A 1384 *bis*. **Grégoire (Saint).** — Dialogorum libri IV. — *Paris*, s. d. (de l'année 1473 environ, d'après Brunet, II, 1726).

*Sans titre* : Incipit dialogus beati Gregorii pape eiusque dyaconi Petri in quatuor libros divisus de vita et miraculis patrum ytalicorum et de eternitate animarum... — *A la fin* : Impressus Parisius per venerabilem virum Petrum Cesaris in artibus magistrum ac huius artis ingeniosum opificem.

Petit in-fol., car. ronds, 2 vol., sans ch., récl. ni signat., 78 ff.

**33.** A 1694. **Grégoire (Saint).** — Même ouvrage. — *Paris*, 1494.

*A la fin* : Impressus opera Udalrici Gering et Berchtoldi Renbolt sociorum Parisiis commorantium in vico sorbonico ad intersignium solis aurei anno M. CCCC. XCIIII. die vero VI marcii.

Petit in-4, car. gothiques, à longues lignes, 38 lignes, 94 ff., marque typ. de Berchtoldus R.

**34-36.** A 1694, A 2830, A 2831. **Grégoire (Saint).** — Liber curae pastoralis. — *Paris*, 1498.

*Titre* : Liber cure pastoralis diui Gregorii pape in sole aureo vici Sorbonici Parrhisiis venalis habetur. — *A la fin* :

Scire voles si facta patrum, si ad culmina morum
 Scandere, si Christi dux gregis esse cupis,
Perlege Gregorii diuina uolumina, lector,
 Semper habenda manu, semper amanda tibi.
Nec tanti monimenta uiri despexeris unquam,
 Fructificam messem et dulcia mella leges.
Grates ergo dabis magnas sculptoribus illis
 Gregorii doctos qui poliere libros.

Pastorale diui Gregorii summa diligentia emendatum in sole aureo vici Sorbonici Parrhisiis impressum per Udalricum Gering et magistrum Berchtoldum Renbolt socios finem habuit die XVIII iulii anno dni millesimo quadringentesimo nonagesimo octavo.

Petit in-4, car. romains, marque typ. de Berchtoldus.
 Fuliensium S. Maximini. — Augustinorum.

**57.** A 1780. **Guillermus Altissiodorensis.** — Summa aurea in IV libros Sententiarum. — *Paris*, 1500.

*Titre* : Summa aurea in quattuor libros Sententiarum a subtilissimo doctore magistro Guillermo Altissiodorensi edita, quam nuper a mendis quamplurimis doctissimus sacre theologie professor magister Guillermus de Quercu emendauit... Impressa est Parisiis maxima Philippi Pigoucheti cura, impensis uero Vaultier et Durandi Gerlier alme uniuersitatis Parisiensis librariorum juratorum. — *A la fin* : Anno dni millesimo quingentesimo die tertia mensis aprilis ante Pascha, uenalis reperitur a lestrille faulxueau et ad signum ratorum uici cithare.

Gr. in-4, car. gothiques, 2 col., 306 + 19 ff., marques typ. de Ph. Pigouchet et de D. Gerlier.

**58.** A 524. **Harentals (Petrus de).** — Expositio psalmorum. — *Cologne*, 1487.

*Titre au fol. 2* : Prologus super librum psalmorum. Expositio super librum psalmorum regii prophete per reverendum et religiosum patrem fratrem Petrum de Harentals, priorem Floreffiensium, Premonstratensis ordinis, ex diversis sanctorum codicibus industriose collecta feliciter incipit. PAtri reuerendo dnoque meo charissimo dno Iohanni de Arkel dudum Traiectensis ecclesie nunc uero Leodiensi episcopo frater Petrus... — *A la fin* : Finit collectarius impressus per me Ioannem Koelhoff, Colonie ciuem, anno gratie millesimo. CCCC° LXXXVII°.

In-fol., car. gothiques, 2 col., 261 ff., 45 lignes, le texte des psaumes sur lignes rouges.

**59.** A 2384. **Herolt (Joannes).** — Sermones discipuli, s. l. ni d.

*Sans titre* : Sermones discipuli de tempore. — Sermones discipuli de sanctis. — Promptuarium exemplorum discipuli.

In-4, car. gothiques, 2 col., 22 ff. prélimin. a-p 4 (164 sermons), aa-hh 6 (48 sermons); ii-tt 4, init. en couleurs.

Recollect. Aurel.

**60.** A 1081. Heures à l'usage de Rome. — S. l. *(Paris)*, 1498.

*Sans titre*; *à la fin* : Les présentes heures furent achevées le XV jour de may lan mil CCCC. IIIIXX. XVIII.

Velin in-8, car. gothiques, à longues lignes, au commencement marque typ. Iehan Potteuin; sur les plats, d'un côté ESPERENCE, de l'autre COMMAYLE.

**61.** A 1088. Même ouvrage. — *Paris*, 1500.

*Titre* : Hore intemerate virginis Marie secundum usum romanum totaliter ad longum sine requiete cum pluribus orationibus in gallico et latino. — *A la fin* : Ces presentes heures a lusaige de Romme furent acheuees le XV jour de mars lan mil cinq cens par Thielmann Kerver pour Guillaume Eustace libraire tenant sa bouticle au palais au troisiesme pilier du coste de la chappelle de messeigneurs les presidens ou sur les grans degrez a lenseigne saint Iehan levangeliste.

Velin in-8, car. goth., à longues lignes; au commencement marque typ. de G. Eustace, différente de celles qu'ont données Brunet, V, 1647 et Silvestre, n[os] 63, 878, 948 et 949.

**62.** A 1089. Même ouvrage. — *Paris*, s. d. (1500).

*Sans titre*; *à la fin* : Les presentes heures a lusaige de Romme... ont este nouvellement imprimees a Paris par Guillaume Anabat imprimeur demourant en la rue sainct Iehan de Beaulvais a lenseigne des Connins pres les grandes escolles de decret pour Gilles Hardouyn libraire demourant devant le Palais entre les deux portes à lymaige saincte Marguerite. Tout pour le mieulx.

Velin in-8, car. gothiques, plusieurs figures enlevées, Brunet, V, 1629.

**63.** A 1777. **Holkot** (**Robertus**). — Opera varia. — *Lyon*, 1497.

*Titre* : Màgistri Roberti Holkot super quattuor libros Sententiarum questiones. Quedam conferentie. De imputabilitate peccati questio longa. Determinationes quarumdam aliarum questionum. — *A la fin* : Io. Badius Ascensius M. Beneventano S.

Iam portum optatum per inhospita saxa secuti
Prendimus ex alto prospiciente Deo.
Si qua tamen lacere portent inculta carine
Humane ignoscas, Marce diserte. Vale.

Registrum huius operis diligenter impressi Lugduni a magistro Iohanne Trechsel Alemanno anno salutis nostre M CCCC XCVII ad nonas aprilis.

In-fol., car. gothiques, 2 col., signat. a-o, A-I, marque typ. I. T. (Jehan Trechsel) rel. ancienne bois.

Fr. Predicatorum, ex dono Evurtii Segret, moderatoris hujus civitatis.

**64.** A 1384 *bis*. **Hugo cardinalis**. — Speculum ecclesiae. — *Louvain*, avant 1493.

*Sans titre*, *fol. h* : Domini Hugonis primi cardinalis ordinis Prediçatorum tractatus amantissimus qui speculum ecclesie inscribitur incipit feliciter. De numero, ordine et significatione sacerdotalium vestium... — *A la fin* : Domini Petri Helenensis (Elne) episcopi breve atque iocundissimum in ecclesie speculum epigramma :

Quisquis ad altaris pergis solemnia sacra,
Ortor et admoneo quod tibi ferat opem.

Ecclesie legito speculum quod nunc tibi mitto :
Quo lecto relegas, denique doctus eris,
Misse misteria quid signent sacraque nescis,
Istic comperies, hoc igitur repetas.

In-fol., car. gothiques, 8 ff., à longues lignes.

**65.** A 1590. **Jérome (Saint).** — Epistolae. — *Venise*, **1488**.

*Sans titre* : Beati Hieronymi epistolas ad eruditionem christianam pernecessariarum rerum ac materiarum varietate confusas et sine ullo ordine descriptas agnovimus... — *A la fin* : Huic secundo epistolarum volumini finis imponitur. Quod quidem opus una cum priore volumine in urbe Venetiarum diligenter emendatum et impressum per Andream de Toresanis de Asula anno natalis dominici M CCCC LXXXVIII idibus madiis.

Deux parties en un vol. in-fol., car. romains, à longues lignes, 174 + 229 ff. paginés au bas de la page, marque typ. d'A. de Toresanis, sur fond rouge.

Capucinis Aurel.

**66.** A 1591. **Jérome (Saint).** — Même ouvrage. — *Venise*, **1490**.

*Sans titre; à la fin* : ... impressum est per Bernardinum de Benalis Bergomensem anno natalis dominici M CCCC LXXXX, die XIV iulii.

In-fol., reproduction du vol. précédent, 178 + 229 ff. paginés au bas de la page.

Saint-Euverte.

**67.** A 1592. **Jérome (Saint).** — Même ouvrage. — *Nuremberg*, **1495**.

*Titre* : Epistolarum beati Hieronymi presbyteri omnes partes uno volumine contente. — *A la fin* : ... in famosa civitate Nuremberg per Antonium Koberger impresse anno salutis millesimo quadringentesimo nonagesimo quinto. XII die mensis novembris finiunt feliciter.

In-4, car. gothiques, 2 col., 364 ff.

Augustin. Aurel.

**68.** E 1045. **Jérome (Saint).** — Vitae Patrum. — *Venise*, **1483**.

*Sans titre, au fol. 1* : Prologus sancti Hieronymi cardinalis presbyteri in libros Vitas Patrum egyptiorum, etiam eorum qui in Scythia, Thebaide atque Mesopotamia morati sunt... — *A la fin* : Impressum Venetiis per Octavianum Scotum Modoetiensem sexto decimo Kalendas martii. M. CCCC. LXXXIII.

In-4, car. gothiques, 2 col., 47 lignes, 243 + 7 ff., init. en couleurs.

Ex bibl. fr. Predicatorum Aurel.

**69.** D 1169. **Juvénal.** — Satyrae cum commentariis. — S. l. (*Venise*), **1492**.

*Titre* : Iuuenalis cum duobus commentariis, uidelicet Domitii Calderini et Georgii Vallae. — *A la fin* : ... per Bonetum Locatellum octavo idus martii M. CCCC. XCII.

In-fol., car. romains, à longues lignes, 102 ff., signat. AA-NN et marque typ. d'O. Scoto de Monza.

Fr. Minor. Recollect.

**70.** D 2850. **Landinus (Christophorus).** — Quaestiones Camaldulenses. — S. l. (*Venise*, d'après Brunet, III, 811, *Florence* suivant Lair, I, p. 148, n° 118) ni d. (avant 1480).

*Titre* : Quaestiones Camaldulenses Christophori Landini Florentini ad Federicum Urbinatum principem. — *A la fin* : Quaestionum... quarti et ultimi libri finis cum privilegio.

In-fol., car. romains, à longues lignes, 72 ff., 40 lignes, signat. a-o, des blancs ont été laissés dans le texte pour les citations grecques, rel. ancienne.

Radulphus Fornerius Aurel. dedit congregationi B. M. de Bono Nuntio, octavo Kal. decembris, anno 1618.

**71.** A 2596. **Le Roy (François).** — Dialogue de consolation. — *Paris*, s. d. (1499, d'après Brunet, II, 669).

*Titre* : Le Dialogue de consolation entre lame et rai | son, fait et compose par ung religieux de la | reformation de lordre de Fonteurault | nouellement imprime a Paris : | pour Symon Vostre librai- | re : demourant en la rue | neufue nostre dame a lenseigne sainct | Iehan leuan- | geliste. †

In-8, car. gothiques, à longues lignes.

Fr. Predicatorum Aurel.

**72.** E. 1401. Les fleurs et manières des temps passés. — *Genève*, 1495.

*Titre* : Les fleurs et manières des temps passez et des faitz merueilleux de Dieu tant en lancien testament come ou noueau, Et des premiers seigneurs princes et gouerneurs temporelz en cestuy monde de leurs gestez et definement iusques au present cy comence alonneur de Dieu. — *A la fin* : Ce present liure a este translate de latin en françoys par uénérable et discrete personne maistre Pierre Farget docteur en saincte théologie de l'ordre des Augustins du couuent de lyon l'an mil CCCC. LXXXIII regnant ledit Loys paisiblement en France et lan de son regne XXII. Explicit. Imprime a Geneue le XXVIII iour d'auril lan M. CCCC. XCV.

In-fol. ou in-4 (les vergeures étant tantôt verticales, tantôt horizontales), car. gothiques, à longues lignes, fig. sur bois, au v° du titre marque typ de Loys Cruse.

Fr. Minor. Recollect.

**73.** A 1410. **Lotharius cardinalis**, etc.

1) De vilitate conditionis humane. — *Paris*, 1483.

*Sans titre, au fol. A 2* : Incipit liber Lotarii leuite et cardinalis de uilitate conditionis humane. Qui Lotarius postea Innocentius papa tertius dictus est... — *A la fin* : Finit feliciter impressumque est hoc opusculum Parisii per Antonium Caillaut et Lodouicum Martineau anno dni M. CCCC. LXXXIII die vero decima nona augusti.

In-8, car. gothiques, à longues lignes, 33 lignes, 29 ff., init. en couleur.

2) Confessionale S. Thomae.

*Titre* : Incipit confessiōnale seu libellus optimus beati Thome de Aquino de modo cōfitendi et de puritate conscientie.

Car. gothiques, à longues lignes, 22 ff.

3) De simplificatione cordis J. de Gersono.

*Titre* : Tractatus magistri Iohannis de Gersono, Parisiensi cancellario, de simplificatione cordis.

Car. gothiques, 2 col., 8 ff.

4) Quatuor novissima.

*Titre* : Quattuor novissimorum liber de morte videlicet, penis inferni, judicio et celesti gloria, quem plerique cordiale appellant. — *A la fin* : Libellus quattuor novissimorum finit feliciter exaratus per Antonium Cayllaut.

Car. gothiques, à longues lignes, 42 ff.

Sum Claudii Carterel 1560.

**74.** A 428. **Lyra (Nicolaus de).** — Postilla. — *Venise*, 1489.

*Sans titre, au fol A 2* : Prologus primus venerabilis fratris Nicolai de Lyra... in testamentum vetus de commendatione sacre scripture in generali... — *A la fin* : Postilla clarissimi doctoris Nicolai de Lyra... Venetiis opere et sumptibus Octaviani Scoti Modoetiensis M. CCCC. LXXXIX, sexto idus sextilis.

2 vol. in-fol., car. gothiques, miniatures, commentaires encadrant le texte, marque typ. d'O. Scoto. Le premier vol. se termine à l'*Ecclésiastique*, le second, dont le fol. AA. est lacéré, commence ainsi : Isaie illuminatione totum statum ecclesie...

Oratorii Aurelianensis.

**75.** A 429 **Lyra (Nicolaus de)**

1) Même ouvrage. — S. l. n. d. — (*Lyon*, 1478-1498.)

*A la fin du 3e vol.* : Explicit postilla Nicolai de Lyra super vetus testamentum, cum expositionibus Britonis in prologos Hieronymi et cum additionibus Pauli episcopi Burgensis et correctoriis earumdem additionum editis a Mathia Doringk, ordinis Minorum... — *A la fin du 4e vol.* : Per Johannem Syber summa cum diligentia impressum feliciter fuit.

2) Contra judaicam perfidiam.

*Au fol. RRR* : Incipit libellus editus per Nicolaum de Lyra contra iudaicam perfidiam... — *A la fin :* Et sic est finis. Laus Deo.

4 vol. in-fol., car. gothiques, à la fin du 1er vol. marque typ. de Jean Syber, sur fond noir, et, à la fin des deux derniers, même marque sur fond blanc, avec addition au milieu.

Car. Meusnier doct. Sorbonicus.

**76.** A 2382. **Maidstone (Richard) ou Jean de Werden.** — Sermones de sanctis. — *Strasbourg*, **1488**.

*Titre* : Sermones de sanctis | Dormi secure. — *Au fol. a* : Sermones de sanctis per annum satis notabiles et utiles omnibus sacerdotibus pastoribus et capellanis qui dormi secure vel dormi sine cura nuncupati eo quod absque magno studio faciliter possint incorporari et populo predicari incipiunt feliciter. — *A la fin* : Impressi sunt isti sermones de sanctis Argentine anno domini M. CCCC. LXXXVIII finiti in die sancti Marcelli pape (16 janvier).

In-fol., car. gothiques, 2 col., 47 lignes, signat. 1- 3 pour la table, a-x3 pour les sermons au nombre de 70 ; les lettres L et C ont une forme particulière dans les nombres. Brunet. *Suppl.* II, 641.

Fr. Minor. Recollectorum.

**77.** E 319 *bis*. **Mandeville (Jehan de).** — Le livre des pérégrinations. — *Lyon*, **1480**.

*Sans titre* : Ce livre est appelle Mandeville et fut fait et compose par monsieur Iehan de Mandeville... et parle de la terre de promission cest assavoir de Iherusalem et de plusieurs autres isles de mer et les diverses et etranges choses qui sont esd. isles... — *A la fin* : Imprime a Lyon sur le Rosne lan mil CCCCLXXX le VIII jour de freuier (*sic*) a la requeste de maistre Bartholomieu Buyer bourgoys dudit Lyon.

Petit in-fol., car. gothiques, 2 col., 30 lignes.

Fr. Minorum.

**78.** D 1214. **Martial.** — Epigrammata. — *Venise*, **1493**.

*Titre* : Martialis cum duobus commentis. — *A la fin* : Hoc per Bartholomeum de Zanis de Portesio Venetiis impressum opus foeliciter explicit M.CCCC.XCIII. die XIII novembris.

In-fol., car. romains, à longues lignes, 62 lignes, 159 ff., texte à droite et commentaires à gauche et vice-versa. Les commentateurs sont Georges Merula et Domitius Calderinus.

Monast. Floriacensis.

**79.** D 298. **Monachi glosa cum textu Alexandri.** — *Lyon*, **1495**.

*A la fin* : Impressum Lugduni per magistrum Iohannem Vingle piccardum anno incarnationis domini millesimo quadringentesimo. XCV. die XVIII mensis augusti.

In-4°, car. gothiques, à longues lignes, signat. a-q2 et marque typ. de J. Vingle. Au v° du titre, 36 vers à la louange d'Alexandre par Mathurin de Barda; vient ensuite une préface « ad generosum Guillermum fratrem vicecomitis Polignaci. »

Liber inclytae nationis Germanicae.

80. E 1887. **Monstrelet (Enguerrand de).** — Le premier volume des chroniques. — S. l. ni d. (*Paris*, **1498**, La Serna, III, 188; **1467**, Pothast.)

*Titre* : Le premier volume de Enguerrand de Monstrelet. Ensuyvant Froissart nagueres imprime a Paris des chronicques de france, dangleterre, descoce, despaigne, de bretaigne, de gascongne, de flandres et lieux circonvoisins. — *A la fin* : Cy finist le premier volume de Enguerrand de Monstrelet.

In-fol., car. gothiques, 2 col., 44 lignes, 310 ff., signat, A-004 + 10ff. prélimin. avec signat. a-a 5 pour le titre, le prologue et la table.

Boni Nuntii Aurel.

81. A 2227. **Montrocher (Gui de).** — Manipulus curatorum. — *Genève*, **1480**.

*Titre* : Liber qui manipulus curatorum inscribitur in quo pernecessaria officia eorum quibus animarum cura commissa est breviter pertractantur feliciter incipit. — *A la fin* : Doctissimi viri domini Guidonis de Monte Rocherii liber qui manipulus curatorum inscribitur finit feliciter impressus in civitate Geben per magistrum Adam Steynschauwer de Schwinfordia anno dni millesimo quadringentesimo et octuogesimo die vero vicesima nona mensis marcii.

Petit in-4°, car. gothiques, à longues lignes, 23 lignes, 214 ff., rel. bois.

Floriacensis monast.

82. A 2227 bis. **Montrocher (Gui de).** — Doctrinal des prêtres. — *Orléans*, **1490**.

Petit in-4°, car gothiques, à longues lignes, licorne comme filigrane, 3 ff. Le 1er fol. appartient au chapitre X « du sa. de lautel... la probation, il feust privé du droit... — ...car il doit estre premi =. » Le second et le troisième forment une suite et appartiennent au même chap. : « nulle oraison du trespasse ny doit estre dicte... — ... en signe que leuangille et la messe sont cause de nos def =. » 25 lignes, le fol. 1 a la signat. 1 1.

Ces feuillets ont été concédés, en septembre 1886, par la Bibliothèque nationale, en considération d'un don fait à elle dans ce but par M. Boucher de Molandon.

83. A 2474. **Neiffer (Nicolas)** (1). — Homeliarius doctorum. — *Bâle*, **1498**.

(1) Je donne ce nom d'après le Catalogue ms. des Capucins, 477 bis, p. 116; à la table des auteurs, ce nom devient Nesfler Nicolas.

*Titre* : Homeliarius doctorum. *Suit une gravure. Au v°* : Iohannes Nolricus Surgant... curatus ecclesie parrochialis sancti Theodori martyris minoris Basilee Constantiensis diocesis Nicolao Kesler accuratissimo librorum impressori Basiliensi amico... salutem dicit... — *A la fin* : Opus in mercuriali Nicolai Kessler officina Basilee impressum anno incarnationis dominice millesimo quadringentesimo nonagesimo octavo decimo nonas augusti finit feliciter.

In-fol., car. gothiques, 2 col., homélies *de tempore* a-ee 5 r°, homélies *de sanctis* A — M8 r°, miniature avant chaque morceau, et au fol. a 2 v°, marque typ. de N. Kessler.

Capucinis Aurel.

**84.** D 332. **Nestor (Dionysius).** — Vocabulista. — *Venise*, **1496.**

*Titre* : Nestor vocabulista. *Au v°* : Nestoris Dionysii Novariensis, ordinis Minorum de observantia, ad illustrissimum principem Lodovicum Sfortiam... — *Au fol. a* 2 : Abax. Huius abacis antiquiores... — *A la fin* : ... impressum Venetiis per Philippum Pinzium Mantuanum anno dni MCCCCXCVI.

In-fol., car. romains, à longues lignes, 151 ff.

Ex bibl. Guill. Prousteau.

**85.** C 248. **Ockam (Guillermus).** — Tractatus logicae. — *Paris*, **1488.**

*Sans titre; au fol. a* 1 v° : qVam magnos veritatis sectatoribus... *Au fol. a* 2 : Prima pars. Omnes logice tractatores... — *A la fin* : Explicit tractatus logice fratris Guillermi Ockan divisus in tres partes et unaqueque pars per capitula distincta. Impressum est hoc opus Parisius in vico clauso brunelli M.CCCC.LXXXVIII.

In-fol., car. romains, 2 col., signat. A1-q3.

Fr. Minor. Recollect.

**86.** F 1381. **Orose (Paul).** — Historia. — *Venise*, **1499.**

*Titre* : Paulus :: Orosius :: — *A la fin* : Impressum Venetiis per magistrum Christoforum de Pensis de Mandello opera et impensis Octaviani Scoti ab incarnatione dni MCCCCLXXXXIX, XV Kalendas augustas.

In-fol., car. romains, à longues lignes, 46 lignes, signat. a1-m3.

Floriac. monasterii.

**87.** C 166. **Paulus Venetus.** — Summa naturalium. — *Venise*, **1476.**

*Sans titre; à la fin* : Explicit sexta et ultima pars summe naturalium acta et compilata per reuerendum artium et theologie doctorem magistrum Paulum de Venetiis ordinis fratrum Heremitarum sancti Augustini transumpta ex proprio originali manu propria confecto Venetiis impressionem habuit impensis Johannis de Colonia sociisque eius Johannis Mathei de Gherretzem anno a natali christ. MCCCCLXXVI.

In-fol., car. gothiques, 2 col., init. en couleur.

Fr. Augustin.

88. C 245. Paulus Venetus. — Logica. — *Venise*, 1499.

*Titre* : Logica magna Pauli Veneti. — *A la fin* : Impressum Venetiis per diligentissimum virum Albertinum Vercellensem, expensis dni Octaviani Scoti ac eius fratrum feliciter explicit anno dni 1499 die 24 octobris.

In-fol., car. gothiques, 2 col., 200 ff.

Ex dono Baptiste Juvenalis Ursini.

89. D 1169. Perse. — Satyrae cum commentariis Bartholomei Fontii et Johannis Britannici. — *Venise*, 1481.

*Sans titre* ; *à la fin* : Impressum Venetiis per Bernardinum Benalium Pergomensem et Matheum Capsacam Parmensem anno nativitatis dni MCCCCLXXXI die III augusti.

In-fol., car. romains, à longues lignes, 47 ff. signat., a2-h2.

Fr. Minor. Recollect.

90. D 3323. Pétrarque. — Bucolicum carmen. — *Venise*, 1496.

*Titre*: Bucolicum carmen in duodecim | eglogas distinctum cum comen | to Benevenuti Imolensis | viri Clarissimi. — *A la fin* : Foeliciter expliciunt per me Marcum Horigono de Venet. annis. d. nostri Iesu Christi currentibus MCCCCXVI (*sic*). die VII iulii.

In-fol., car. romains, 30 ff., signat. A2-E3, la date doit être 1496 plutôt que 1516, d'après Brunet, IV, 565.

91. A 383. Petrus Comestor. — Historia scholastica. — *Bâle*, 1486.

*Titre* : Scholastica historia magistri Petri Comestoris sacre scripture seriem brevem nimis exponentis. — *A la fin* : Impressa Basilee anno domini M.CCCC.LXXXVI finita post festum Katherine.

In-fol., car. gothiques, 2 col., init. en couleur.

Capucinis Aurel.

92. C 364. Petrus Tranensis. — De regimine filiorum. — *Ferrare*, 1496.

*Titre* : Liber de ingenuis adolescentium moribus. — *A la fin* : Explicit liber dni Petri Tranensis de regimine filiorum... Impressum Farrarie (*sic*) per magistrum Laurentium de Valentia anno dni M.CCCC.LXXXXVI die septima octubris. (*sic*) Finis.

In-4°, car. gothiques, à longues lignes, signat. a1-S2 ; au fol. a2 v°, la Sᵉ Vierge allaitant l'enfant Jésus, avec ces mots : AVE MARIS STELLA.

Carmelit. Aurel.

**93.** E 764. **Platina.** — Vitae pontificum. — S. l. (*Venetiis, Tarvisii*, d'après Pothast), **1485.**

*Sans titre; au fol. a* 1 *v°* : Proemium Platynae in vitas pontificum ad Sixtum IIII. pontificem maximum... — *A la fin* : Opus feliciter explicit accurate castigatum ac impensa magistri Ioannis Vercelensis. M.CCCC.LXXXV. die X. februarii.

In-fol., car romains, à longues lignes, 53 lignes, signat. a2-r3.

Séminaire d'Orl.

**94.** D 2014. **Plaute.** — Comoediae. — *Milan*, **1500.**

*Titre* : Plautus integer cum | interpretatione | Ioannis Ba | ptistae | Pii. — *Au fol. AA* 2 : Inclyto principi Ioanni Bentivolo, Bononiae dictatori, patri patriae, Ioannes Baptista Pius Bononiensis cliens. eTsi, Ioannes Bentivole... — *A la fin* : Impressum Mediolani per magistrum Vldericum Scinzezeler anno domini M.CCCCC. die XVIII mensis ianuarii.

In-fol., car. romains, 422 ff, marque typ. de Ulric Scinzezeler. Après le titre, 4 vers de Sebastianus Ducius ; au v°, préface de Ph. Beroald et 8 vers de J. Alb. Marliani ; au fol. AA3, 9 distiques de Calcaterra de Milan, suivis de la table des matières, de 11 distiques de Solandus, de 10 de Corpellus et de 6 de Gabuardus de Turcella de Parme.

Capucinis Aurel. — Ex libris Chollet.

**95.** D 2851. **Politien (Angelus).** — Epistolarum libri XII. — *Venise*, **1498.**

*Sans titre* ; *au fol a* 2 : Index eorum que hoc volumine continentur Angeli Politiani epistolarum libri XII... — *A la fin* : Venetiis in aedibus Aldi Romani mense iulio M.IID.

In-fol., car. romains, à longues lignes, 425 ff., sur le dernier fol. registre sans aucun vers. (Cf. Renouard, I, 22.)

Liber inclytae nationis Germanicae.

**96.** D 2878. **Priscien.** — De XII carminibus. — *Venise*, **1496.**

*Titre* : Habes, candide lector, in hoc opere Prisciani volumen maius cum expositione elegantissima clarissimi philosophi Ioannis de Aingre. Habes insuper eiusdem volumen minus et de duodecim carminibus ac etiam de accentibus cum expositione viri eloquentissimi Danielis Caietani nunc primum edita. Habes praeterea de numeris, ponderibus et mensuris, de praeexercitamentis rhetorice, de versibus comicis, de declinationibus, necnon de situ orbis. -- *A la fin* : Impressum Venetiis per Bonetum Locatellum impensis nobilis viri domini Octaviani Scoti Modoetiensis anno salutis M.CCCC.XCVI, nono Kalendas martias.

In-fol., car. romains, marque typ. d'O. Scoto.

Fr. Recollectorum.

**97.** A 194. **Psalterium.** — *Paris*, 1500.

*Sans titre* ; *au fol. b 4 v°* : Quarta feria post diem sancte Lucie erit ieiunium... — *Au fol. P4 r°* : Hoc presens psalterium una cum tabula diligentissime exactum Parisius per magistrum Nicolaum de la Barre anno dni M. quingentesimo die vero quinta mensis novembris. — *Viennent ensuite des hymnes dont la dernière est en l'honneur de sainte Valérie.*

In-32, car. gothiques, à longues lignes, rubriques en rouge, notions de comput, calendrier de 1497 à 1554.

Ex libris Chartier pastoris Floriacensis.

**98.** E 46. **Ptolomeus.** — Cosmographia. — *Ulm*, 1486.

*Sans titre* ; *au fol. Ai v°* : Nota ad inveniendum igitur regiones, provincias... *Au fol. a 1* : Beatissimo patri Paulo secundo pontifici maximo Nicolaus Germanus. Non me fugit... — *Après les cartes, au fol. a 1 v°* : Incipit registrum... — *Au fol A2 r°* : De locis ac mirabilibus mundi... — *A la fin* :

IMPRESSVM VLME OPERA [et]
EXPENSIS IVSTI DE ALBA [no]
DE VENETIIS PER PROVISO [rem]
SVVM IOHANNEM REGER [an].
NO DOMINI. M. CCCC. LXX [xvi]
XII. KALENDAS AVGVSTI.

In-fol., car. romains, 2 col., signat. A2-E4, a1-i4, a2-c4, 44 lignes pour la 1re partie et 45 pour la seconde, 32 cartes, au haut de la 1re : « Insculptum est per Ioannem Schnitzer de Armozheim », marque typ. I. R. La partie entre crochets a été enlevée.

Boni Nuntii Aurel.

**99.** C 494. **Rodriguez.** — Speculum vitae humanae. — s. l. ni d. (*Rome*, vers 1468.)

*Sans titre* : Ad sanctissimum et beatissimum dominum dominum Paulum secundum pontificem maximum liber incipit dictus speculum humanae vitae... editus a Rodorico Zamorensi et postea Calagaritano hispano eiusdem sanctitatis in castro suo sancti Angeli castellano : (s) Anctissimo âc clementissimo in Christo... — *A la fin* :

Edidit hoc linguae clarissima norma latinae !
Excelsi ingenii vir Rodoricus opus !
Qui norma angelica est custos bene fidus in arce !
Sub Pauli Veneti nomine pontificis.
Claret in italici Zamorensis episcopus aussis,
Eloquii ! it superos gloria parta viri.

Petit in-fol., car. romains (quelques-uns sont disgracieux et maigres, surtout les c et les r, l'e est souvent plein, le f est confondu avec s médial) à longues lignes, 32 lignes (la 1re page a 31 lignes et la dernière 25) sans ch., récl., ni signat., 150 ff., init. en couleur, aux ff. 30, 31, 35, etc., dessins à la plume, hauteur des pages 290 millim., largeur 220 millim., reliure bois. — (Lair, I, 186, n° 189 ; La Serna, III, 335 ; Brunet, IV, 1343 ; Deschamps, 1098, 1204).

Fr. Daniel et amicorum. — Rodulphus Fornerius doctor Aurelius. — Capucinorum Aurel.

**100.** E 462. **Rolevinck** (**Werner**). — Fasciculus temporum. — *Cologne*, 1480.

*Sans titre* ; *au fol.* 1 *v°* : Chronica sive fasciculus temporum omnes antiquorum chronicas complectens... — *A la fin* : Impressum per me Henricum Quentel et admissum ab alma universitate Coloniensi explicit feliciter sub anno dni. 1480.

In-fol., car. gothiques, 2, 3 et 4 col.

**101.** C 466. **Rolevinck** (**Verner**). — Même ouvrage. — S. l. (*Strasbourg*, Peignot, II, 442, *Cologne*, Catalogue de la Vallière, n° 4557, et Pothast), 1481.

*A la fin* :... ad pristinum statum reducta cum quibusdam additionibus per humilem virum fratrem Heinricum Wirczburg de Vach monachum in prioratu Rubeimontis (*non pas* Rougemont, *mais* Rothen-Munster *au diocèse de Constance*) ordinis Cluniacensis sub Lodovico Gruerie comite magnifico anno Dni M.CCCC.LXXXI. Et anno precedenti fuerunt aquarum inundationes maxime ventique horribiles multa edificia subvertentes.

In-fol., car. gothiques, à longues lignes, sans signat., lettres ni récl., la table des noms propres qui se trouve au commencement s'ouvre par : « Benedictus III papa » ; les faits s'arrêtent à 1474. (Cf. Laire, II, 40 ; Pr. Marchand, 75 ; abbé Mercier, p. 89 ; Brunet, II, 1187 ; Deschamps, 1111).

**102.** E 564. **Rufinus**. — Historia ecclesiastica. — *Mantoue*, 1479.

*Sans titre* : Illustrissimo et invictissimo Mantuanorum principi Frederico Gonzage Iohannes Schallus Heroffeldensis... — *A la fin* :

Transtulit Ausonias istud Rufinus ad aures
  Eusebii clarum Caesariensis opus.
Schallus Ioannes celebri Germanicus arte
  Aere premit Manto principe Foederico.
Quom datus est finis, referebat iulius annos
  Mille quater centum septuaginta novem.
. . . . . . . . . . . . . . .
  Et prodesse magis lectio nulla potest.

In-fol., car. romains, init. en couleur, signat. a-z mises à la main, 170 ff., 34 lignes.

Fr. Recollector. Aurel.

**103.** E 1708. **Sabellicus (Marcus-Antonius).** — Enneades. — *Venise*, 1498.

*Titre* : Enneades Marci Antonii | Sabellici ab orbe con | dito ad inclinatio | nem romani imperii. — *A la fin :* Impressum Venetiis per Bernardinum et Matheum Venetos qui vulgo li Alban dicuntur anno incarnationis dominice M.CCCC.XCVIII pridie Kal. aprilis.

In-fol., car. romains, à longues lignes, 462 ff. chiffrés + 11 ff. pour le titre (en rouge) la dédicace et la table, 57 lignes; après le titre, marque typ. différente de celle qui se trouve après la souscription.

Boni Nuntii Aurel.

**104.** E 1527. **Salluste et Cicéron.** — *Paris*, 1497.

1) Conjuratio Catilinae et Bellum Iugurthinum.

*Titre* : Sallustius sine comento. *Au dessous, marque typ. d'A. Bocard.* — *A la fin :*

Nunc parat arma virosque simul rex maximus orbis
Hostibus antiquis exitium minitans.
Nunc igitur bello studeas, gens Pariseorum,
Cui martis quondam gloria magna fuit.
Exemplo tibi sint nunc fortia facta virorum
Que digne memorat Crispus in hoc opere
Armigerisque tuis Pictavos adnumeres, qui
Hos pressere libros arma futura tibi.

2) Invectiva in Catilinam.

*Au fol.* 13 : Philippus Beroaldus Guillelmo Franco salutem. Recognovi nuper... — ... cui Cicero valde placuerit. Incipit prima invectiva M. T. Ciceronis in L. Catilinam in presentia ejus in senatu. Quousque tandem... — ... si qua honeste affari possim. — *A la fin :* L. Crispi Salustii de Catiline conjuratione belloque Iugurthino una cum invectivis Ciceronis in L. Catilinam Salustiique in Ciceronem liber feliciter finit impressus Parisii per magistrum Andream Bocard die XX mensis decembris. M.CCCC.XCVII.

In-4, car. gothiques, à longues lignes, 24 lignes, 123 ff., signat. a2-q3.

Oratorii Aurel.

**105.** E 470. **Schedel (Hartmann).** — Chronicae. — *Nuremberg*, 1493.

*Titre* : Registrum | huius ope- | ris libri cro- | nicarum | cum figuris et ymagini | bus ab inicio mundi. – *A la fin, fol. CCXCIX, au v° de la carte* : Adest nunc studiose lector finis libri cronicarum... ad intuitum autem et preces providorum civium Sebaldi Schreyer et Sebastiani Kamermaister hunc librum dominus Anthonius Koberger Nuremberge impressit adhibitis tamen viris mathematicis pingendique arte peritissimis Michaele Wolgemuth et Wilhelmo Pleydenwurff quorum solerti accuratissimaque animadversione tum civitatum tum illustrium virorum figure inserte sunt. Consummatum autem duodecima mensis iulii anno salutis nostre. 1493. — *Au fol. CCLXVI*: Completo in famosissima Nurembergensi urbe operi | de hystoriis etatum mundi ac descriptione urbium fe- | lix imponitur finis. Collectum brevi tempore auxilio docto | ris Hartmani Schedel qua fieri potuit diligentia anno Xti | millesimo quadringentesimo nonagesimo tercio die quarto | mensis iunii. Deo igitur optimo sint laudes infinite.

In-fol., car. gothiques, à longues lignes, 65 lignes, 299 ff. chiffrés. Au commencement table des matières en 20 ff. avec init. en couleur, après le fol. CCLVIII un blanc coté CCLXI; au v° du fol. CCLVIII, Hartmann Schedel en sigle; après le fol. CCLXVI 5 ff. avec le titre : De Garmacia regione Europe.

Fr. Minor Recollectorum.

**106.** E 471. **Schedel (Hartmann).** — Même ouvrage. — *Nuremberg*, 1493.

Après le fol. CCLVIII ne se trouve pas le fol. blanc coté CCLXI, les 5 ff. « de Garamacia » sont placés après le fol. CCXCIX, contenant une carte et la date 1494.

Fr. Minor. Recollect.

**107.** B 52. **Sextus Decretalium, etc.** — S. l. n. d. (*Lyon*, 1478-1498).

1) *Sans titre, au fol. a* 2 : Circa lecturam arboris diversis olim diversum modum tenentibus... *Au fol. a* 5 : Incipit liber sextus Decretalium dni Bonifacii pape VIII... — *A la fin :* Marque typ. de J. Syber sur fond blanc.

2) Clementinae.

*Au fol. A* 2 : Incipiunt constitutiones Clementis pape quinti una cum apparatu domini Iohannis Andree...

3) Extravagantes.

*Au fol.* 1 : Incipiunt decretales extravagantes que emanarunt post Sextum. De electione et electi potestate. Bonifacius octavus. Iniuncte nobis debitum... — ... Datum Rome apud sanctum Petrum anno incarnationis dnice M. CCCC. LXII, septimo ydus augusti pontificatus nostri anno primo. — Marque typ. de J. Syber.

In-fol., car. gothiques très gros pour le texte, 2 col., signat. a2-x3 pour la 1re partie et 2 ff. blancs, A2-E4 pour la 2e et I-R4 pour la dernière. Plusieurs ff. ont disparu sous les signat. b et c; 3 de la signat. r, et 6 de la signat. B; tous ceux de la signat. F ont été lacérés. Après chaque partie table manuscrite.

Monasterii Floriacensis.

**108.** B 215. **Songe (Le) du Vergier.** — S. l. (*Lyon*), 1491.

*Sans titre, au fol. a* 2 : Cy commence le p̃mier livre intitule le Songe du vergier : du clerc et du chevalier... — *A la fin* : Cy finist le sõge du vergier qui parle de la disputaciõ du clerc et du chevalier imprime par

Jacques Maillet lan mil CCCC. quatre vingtz et unze le vintiesme iour de mars.

In-fol., car. gothiques, 2 col., 50 lignes (Brunet, V, 439, en compte 51), avec les signat. a2-V4, y compris le frontispice au r° duquel est une grande planche en bois.

Ex dono A. Martin.

**109.** B 214. **Même ouvrage.** — *Paris*, s. d. (1500, d'après Brunet, V, 439).

*Titre* : Le songe du vergier lequel | parle de la disputacion du clerc et du chevalier. — *A la fin* : Imprime a Paris par Le petit Laurens pour venerable homme Iehan Petit libraire demourant a Paris en la rue saint Iacques a lenseigne du lyon dargent.

Petit in-fol., car. gothiques, 2 col., 50 lignes ; la gravure du fol. a 1 v° est reproduite au fol. 91 v° ; deux autres gravures au fol. z v° et après la souscription ; au-dessous du titre marque typ. de J. Petit.

Fr. Recollector. Aurel.

**110.** A 2211. **Summa in virtutes cardinales.** — *Paris*, 1480.

*Titre :* Prologus. Summa in virtutes cardinales et vitia illis contraria eorumque remedia ad partem tertiam libri de naturalibus exemplis. — *A la fin* : ... exaratumque est hoc opus... in urbe Parisiana celeberrima per magistrum Vlricum Gering et G. Maynyal anno ab incarnatione xp̄i 1480 die vero 16 augusti.

In-fol., car. romains, 2 col., 3 tables dont la dernière a été faite par « Nicolas de Castro ordinis beate Marie de monte Carmeli theologie professore qui et totius summe corrector eximius fuit », init. en couleur, signat. a1-G4.

Fr. Recollector. Aurel.

**111-112.** E 540, E 1285. **Thomas Cantuariensis (S.).** — Vita et processus. — *Paris*, 1495.

*Titre* : Vita et processus sancti Thome Can | tuariensis martyris super libertate ec | clesiastica. — *A la fin* : Explicit quadripartita hystoria continens passionem sanctissimi Thome... que impressa fuit Parisius per magistrum Iohannem Philippi... et completa anno dni millesimo quadringentesimo nonagesimo quinto, vicesima septima mensis martii.

In-4°, car. gothiques, 2 col., signat. a2-m3, 45 lignes.

*A la suite* : Hec sunt quattuor epistole de quibus due prime mittuntur beato Ioanni euangeliste ex parte beati Ignatii, tertia mittitur beate virgini Marie ex parte eiusdem, quartam vero mittit beata virgo eidem Ignatio.

2 ff., signat. A-A2, avec table des matières.

Ex bibl. G. Prousteau. — Fr. Minor. Recollect.

**113.** A 754. **Thomas d'Aquin (S.).** — Continuum in evangelia Mathei et Marci. — *Rome*, 1470.

*Sans titre*: Diui Thome Aquinatis continuum | in librum euangelii secundum Matheum... — *A la fin* :

Aspicis illustris lector quicumque libellos.
Si cupis artificum nomina nosse : lege.
Aspera videbis cognomina Teutona : forsan.
Mitiget ars musis inscia verba virum.
Conradus Suueynheym : Arnoldus Pañartzque magistri.
Rome impresserunt talia multa simul.
Petrus cum fratre Francisco Maximus ambo.
Huic operi aptatam contribuere domum.
M. CCCC. L. XX.

In-fol., car. romains, à longues lignes, 46 lignes, 326 ff. en chiffres romains écrits à la main; les passages grecs sont laissés en blanc, les ff. 238 et 239 ont été lacérés. Le commentaire sur saint Marc commence au fol. 251 après un blanc.

Floriacensis monast.

**114.** A 2757. **Tractatus corporis Christi.** — *Paris*, s. d.

*Titre* : Tractatus corporis Christi. Quomodo se debeant habere erga eucharistiam consecrandam. — *A la fin*: Impressus Parisiis per Iohannem Lambert commorantem in vico sancti Iacobi ad ymaginem beate marie virginis juxta sanctum benedictum.

In-16, car. gothiques, 2 col., 28 ff., après le titre marque typ. de Jehan Lambert, différente de celle qu'ont donnée Brunet, II, 545, et Silvestre, nos 73 et 465 ; elle ressemble à celle de Felix Baligault, moins le nom.

Fr. Augustinorum conventus S. Mariae de Buxeriis.

**115.** B 163. **Turrecremata (Joannes de).**

1) Summa de ecclesia. — *Lyon*, **1496.**

*Titre* : Summe de ecclesia domini Ioannis de Turrecremata cardinalis sancti Sixti vulgo nuncupati repertorium seu tabula alphabetica. — *A la fin* : ... per magistrum Ioannem Trechsel Alemannum Lugduni diligentissime impressa anno nostre salutis M. CCCC. XCVI. die vero. XX. mensis septembris. — Suit la marque typ. de J. Trechsel.

2) De auctoritate papali.

*Au fol. Aa* : Tractatus compendiosissimi septuaginta trium questionum super potestate et auctoritate papali ex sententiis sancti Thome collectarum ad Iulianum cardinalem incipit prefatio. — *A la fin* : Expliciunt flores sententiarum... collecti per magistrum Iohannem de Turrecremata in concilio Basiliensi anno dni millesimo quadringentesimo trigesimo septimo impressi autem Lugduni per Ioh. Trechsel anno M. CCCC. XCVI. die vero. XX. mensis septembris.

In-fol., car. gothiques, 2 col., signat. a-l6.

Sur le feuillet de garde : « Pro Judoco Clichtoveo ex dono prestantissimi magistri nostri Petri de Hortis hispani. Moderata durant. »

Fr. Recollect. Aurel.

**116.** A 2183. **Vincentius Bellovacensis.** — Speculum morale. — *Venise,* 1493.

*Titre* : Speculum morale Vincentii. — *A la fin* :... impensisque et cura non mediocri Hermanni Liechtenstein Coloniensis impressum anno salutis M.CCCC.LXXXXIII. pridie Kal. octobris. Venetiis.

In-fol., car. gothiques, 2 col., 74 lignes, 266 ff. chiffrés, signat. a2 — gg5, sans init. De nombreuses erreurs de pagination : le fol. 74 manque, le fol. 77 est marqué deux fois ; le fol. 109 devient 1009 et ainsi de suite jusqu'au fol. 122, etc.

Oratorii Aurel.

**117.** C 1. **Vincentius Bellovacensis.** — Speculum naturale. — *Venise,* 1494.

*Titre* : Speculum naturale Vincentii. — *A la fin* :... impensisque non mediocribus et cura sollertissima Hermannii Liechtenstein Coloniensis Agrippine Colonie impressum anno salutis M.CCCC.LXXXXIIII. idibus maii. Venetiis.

In-fol., car. gothiques, 2 col., 74 lignes, 424 ff. chiffrés + 14 ff. avec les signat. a2-aa3, init. en couleur.

Fr. Minor. Recollector.

**118.** D 1021. **Virgile.** — Opera cum commentariis. — *Venise,* 1491.

*Sans titre, au fol.* 2 : Christofori Landini Florentini in Publ. Vergilii interpretationes prooemium ad Petrum Medicum Magni Laurentii filium. Magnas immortalesque... — *A la fin* : En tibi, lector candidissime, Publii Vergilii Maronis opera cum Servii Mauri Honorati grammatici, Adelii Donati, Christofori Landini atque Domitii Calderini cōmentariis impensis atque diligentiori cura Lazarii de Saviliano impressa Venetiis anno natalis domini. M.CCCC.LXXXXI tertio nonas ianuarii.

In-fol., car. romains, 2 col., 346 ff. chiffrés (la pagination du dernier fol. est renversée), au fol. 315 v° après le registre marque typ. et date.

Boni Nuntii Aurel.

**119.** E 1039. **Voragine (Jacobus de).** — Legenda sanctorum. — *Venise,* 1483.

*Sans titre, au fol. a* 3 : Reverendissimi fratris Iacobi de Voragine Senuensis archiepiscopi ordinis predicatorum sanctorum ac festorum per totum annum liber incipit... — *A la fin* : Venetiis impressum per Octavianum Scotum Modoetiensem sub inclyto Ioanne Mocenico anno ab incarnatione domini 1483 pridie idus decembris.

In-4°, car. gothiques, 2 col., 47 lignes, sans init., 245 ff. chiffrés (le dernier porte par erreur CXLV) rel. bois.

Fr. Recollector. Aurel.

**120.** E 3914. **Wigandus Wirt.** — Dialogus apologeticus. — *Oppenheym*, s.d. (1494, d'après Deschamps, 156).

*Titre* : Dialogus apologeticus fratris Wigandi Wirt sacre theologie professoris contra Wesalianicam perfidiam atque divi ordinis fratrum predicatorum persecutores ac demum contra eos qui de conceptione immaculatissime virginis Marie male sentiunt studiosa enarratio in laudem eiusdem gloriose virginis Marie. — *Après le titre*, 3 distiques ; *au fol. A v°*: Elegydion Mureni Trebellii iunioris ad Wesalianum doctorem... — *Fol. A* 2 et 3, épitres de Iacobus Cobel à Pierre Guntherus. — *Fol. A* 3 *v°* : In laudem Germanorum calchographie auctorum apologia correctoris Petri Guntheri :

Martia Romanis Germania clara triumphis
. . . . . . . . . . . . . . . . . . .
Nil vos Germanos pertimuisse decet (20 distiques).

*A la fin, fol.* 40 : Peroratio elegiaca fratris Wigandi ad suum libellum :

Perge liber tandem cœptum quoque dirige gressum
. . . . . . . . . . . . . . . . . . . . .
Presidio cuius tu quoque tutus eris.
Impressum Oppenheym.

In-4°, car. gothiques, à longues lignes, 37 lignes, 40 ff. chiffrés + 2 ff. au commencement.

**121.** C 364. **Wimphelingius (Jacobus).** — Adolescentia. — *Strasbourg*, 1500.

*Titre* : Ad illustris domini Ludovici comitis in Leuenstein filium primogenitum. D. Wolfgangum.

Adolescentia
Wympfelingii.

La fin manque, l'ouvrage s'arrêtant au chap. CVI : « ... consiliis adhibe pectora densa tuis. »

In-4°, car. romains, à longues lignes, 72 ff., avec le commencement du 73e, 3 planches sur bois aux ff. 71 et 72, avec les signat. 1-4, A-I6 ; le fol. 2 r° 6e ligne contient la date 1499.

Carmelit. Aurel.

# SECONDE PARTIE

## (1501-1520)

---

122. D 618. **Agricola (Rodolphus).** — Dialectica. — *Louvain*, 1515.

*Titre* : Rodolphi Agricole phrisii dialectica. — *A la fin :* Imprimebat Louanii Theodoricus Martinus Alustensis (Alost) anno a partu virgineo millesimo quingentesimo decimo quinto pridie idus ianuarias.

In-fol., car. romains, 61 ff. non chiffrés, 48, 49 et même 52 lignes, après le titre marque typ. de Th. Martini.

Boni Nuntii Aurel. — Steph. Josmarin Ligolianus.

123. E 1815. **Aimoin.** — Historia Francorum. — *Paris*, 1514.

*Titre* : Annonii monachi benedictini diserti et veridici quorumdamque aliorum venerabilium eiusdem professionis patrum de regum procerumque Francorum origine gestisque clarissimis usque ad Philippum Augustum libri V. — *A la fin :* Impressae autem sunt opera Ascensiana ad idus augusti MDXIIII.

In-fol., car. romains, 142 ff. chiffrés, marque typ. de Jehan Petit, rel. bois.

Fr. Recollect. Aurel.

124. C 3286. **Albertus Durer.** — S. Mariae historia, Passio Jesu Christi et Apocalypsis cum figuris. — *Nuremberg*, 1511.

1) *Titre :* Epitome in diuae parthenices Mari | ae historiam ab Alberto Durero | norico per figuras digest | am cum uersibus anne | xis Chelidonii. — *A la fin :* Impressum Nurnberge per Albertum Durer pictorem anno christiano millesimo quingentesimo undecimo. Heus! tu insidiator ac alieni laboris et ingenii surreptor... — ... tibi permaximum periculum subeundum esse certissime scias.

In-fol., car. romains, 20 estampes dont la $4^{e}$ porte la date de 1509 et les $18^{e}$ et $19^{e}$ celle de 1510.

2) *Titre* : Passio domini nostri Jesu Christi ex Hierony | mo Paduano. Dominico Mancino. Sedulio et Bapti | cta. Mantuano per fratrem Chelidonium collecta cum figuris Al. Dureri | norici pictoris. — *La fin* ut supra.

Car. romains, 12 estampes, dont les $2^{e}$ et $12^{e}$ sont datées de 1510.

3) *Titre* : Apocalypsis cum figuris. — *A la fin* : Impressa denuo Nurnberge... ut supra.

Car. gothiques, 2 col., 16 estampes sans date.

**125.** C 101. **Albertus de Saxonia**, etc. — Quaestiones et decisiones physicales. — *Paris*, **1516**.

*Titre* : Quaestiōnes et decisiones physicales insignium virorum Alberti de Saxonia, Thimonis, Buridani recognitae accuratione mag. Georgii Loker Scoti. — *A la fin* : Impresse a Jod. Badio impensis eiusdem et Conradi Resch ad idus febr. M.XVI (*sic*) supputatione romana.

In-fol., car. gothiques, 2 col., 287 ff. chiffrés, rel. anc.

Capucinis (Blesensibus) Aurel.

**126.** C 3177. **Albumasar.** — De conjunctionibus annorum. — *Venise*, **1515**.

*Titre :* Albumasar de magnis conjunctionibus annorum revolutionibus ac eorum profectionibus. — *A la fin* : Impressum Venetiis mandato et expensis Melchioris Sessa per Iacobum Pentium de Leucho anno dni 1515.

In-4°, car. gothiques, signat. A-M, marque typ. de M. Sessa.

Seminarii. — Meusnier doct. Sorbonicus.

**127.** C 94. **Alexander Aphrodisius.** — In priora Analytica Aristotelis. — *Venise*, **1520**.

*Titre* : Αλεξανδρου του Αφροδισιεως εις τα του Αριστοτελους πρωτα αναλυτικα υπομνημα. — *A la fin* : Ενετιησιν ετυπωθη χιλιοστω πενταχοσιοστω απο της θεογονιας ενιαυτω... αρχοντος Λεοναρδου του Λαυρεδανου.

In-fol., car. un peu épais, 141 ff. (Cf. Renouard, I, 151.)

Augustin. Aurel.

**128.** C 114. **Alexander Aphrodisius.** — In topica Aristotelis. — *Venise*, **1513**.

*Titre* : Alexandri Aphrodisiei in topica Aristotelis commentarii. — *A la fin* : Venetiis in aedibus Aldi et Andreae. M.D.XIII mense septembri.

In-fol., 281 ff. chiffrés, la préface est datée du 15 février 1514.

Collegii Paris. Societ. Jesu. — G. Prousteau.

**129.** C 94. **Ammonius Hermeus**, etc. — In librum perihermenias. — *Venise*, **1503**.

*Titre* : Αμμωνιου του ερμειου υπομνημα εις το περιερμενειας Αριστοτελους. Μαργεντηνου μετροπολιτου Μιτυληνης εξηγησεις εις το αυτο. — *A la fin* : Αμμωνιου ερμειου του εις τας δεκα κατηγοριας τελος.

In-fol., car. minuscules, 59 ff. plus un blanc, A-H (Ammonius), 19 ff. plus un blanc, I-A, ensuite la souscription : Venetiis apud Aldum mense iulio M.D.III. — A la fin, deux traités non indiqués par le titre : « Michaelis Pselli paraphrasis in librum peri hermeneias. Ammonius Hermeus in decem categorias », 20 ff. M-O et 46 ff. AA-FF. Notes mss. d'A. de Valois.

Augustin. Aureliae.

**130.** B 100. **Andreas (Johannes).** — In Jus. — *Trino*, 1508 et 1512; *Pavie*, 1508.

In-fol., 6 vol., 2 col., 194 + 147 ff. chiffrés (Tridini 1512), 194 ff. (ibid. 1512), 157 + 46 (1512); 83 ff. (Ticini, 1508) et 50 ff. (Tridini 1508); 160 (Tridini 1508) 108 ff. (Tridini 1512). — « Impressum in oppido Ticini per mag. Jacobum de Burgo Franco. — Impressum in oppido Tridini impensis Joannis de ferrariis als de Jolitis ac Girardi de Zeys. », rel. ancienne.

G. Prousteau.

**131.** B 105. **Andreas (Johannes).** — In Novella. — *Trino*, 1512.

*A la fin* : Impressum in oppido Tridini impensis Joannis de ferrariis als de Jolittis ac Girardi de Zeys.

In-fol., car. gothiques, 2 col., 311 ff. chiffrés, rel. ancienne.

Capucinis. Aurel.

**132.** B 1652. **Anglebermeus (Pyrrhus).** — Opera varia. — *Paris*, 1517.

*Titre* : Index opusculorum Pyrrhi Anglebermei legum professoris Aureliani : Commentarius in Aurelianas consuetudines; Disputationes aliquot civiles; De fictione; Homo seu philosophus qui de divina humanaque justitia disserit; Sermo de pace, sermo de musica et saltatione ex Luciano. Panegyricus Aureliae. — *A la fin* : Impressa sunt hec Joannis Pyrrhi opuscula elegantissima impendio ac ere Jacobi Hoys bibliopole generalis universitatis Aurelii : industria vero ac arte Andree Boucardi anno ab orbe redempto millesimo quingentesimo. XVII. — *Après le titre* : Venundatur Aureliae in aedibus Iacobi Hoys vulgariter A lescripuainnerie pres leglise nostre dame de bonnes nouuelles.

In-4°, car. gothiques, 146 ff.

**133.** D 179. **Apollonius et Basilius.** — De grammatica. — *Florence*, 1515.

*Titre* : Εν τωιδε τωι βιβλιωι ταδε περιεχεται· Απολλωνιου Αλεξανδρεως περι συνταξεως. Μεγαλου Βασιλιου περι γραμματικης γυμνασιας. — *A la fin* : Impressum est hoc opus... in aedibus Philippi Iuntae Florentini bibliopolae anno M.D.XV.

In-8°, car. grecs assez beaux, 160 ff., 27 lignes, signat. a-x.

Ex bibl. Guill. Prousteau.

**134.** B 843. **Aretino (Angelus).** — Super IV libris Institutionum. — S. l. (*Lyon*), **1504**.

*Titre* : Opus preclarum uiri prestantissimi domini Angeli Aretini utriusque iuris professoris clarissimi super quatuor libris Institutionum cum casibus logicis egregii viri domini Francisci de Aretio. — *A la fin* : Impressa per solertis ingenii virum Iacobum Sacon pedemontanum Yporegiensis (Ivrée) diocesis loci de romano oriundum. M.CCCCC.IIII. Kal. decembris.

In-fol., car. gothiques, 2 col., 377 ff. chiffrés + 8 ff. pour la table qui a pour titre : « Tabula domini Angeli Aretini de Gambiglionibus »; marque typ. de J. Sacon.

Capucinis Aurel.

**135.** C 68. **Aristote, etc.** — Problemata cum expositione P. Aponi. — *Venise*, **1501**.

*Titre* : Problemata Aristotelis cum dpulici (*sic*) translatione antiqua vetere et nova. s. Theodori Gaze cum expositione Petri Aponi. Tabula secundum mag. Petrum de Tussignano per alphabetum. Problemata Alexandri Aphrodisei. Problemata Plutarchi. — *A la fin* : Impressa Venetiis per Bonetum Locatellum presbyterum anno salutis 1501 tertio Kal. sextiles.

In-fol., car. gothiques, 2 col., 299 ff. + 18 pour le titre, les tables et la dédicace, marque typ. d'O. Scoto, rel. ancienne.

Liber inclytae nationis Germanicae.

**136.** C 52. **Aristote.** — Ethica. — *Paris*, **1504, 1505 et 1506**.

1) *Titre* : Decem librorum moralium Aristotelis tres versiones : prima Argyropili Byzantii, secunda Leonardi Aretini, tertia vero antiqua per numeros et capita conciliate communi familiarique commentario ad Argyropilum adiecto. — *A la fin* : Absolutum est in alma Parhiseorum academia anno domini virtutum salvatorisque muadi (*sic*) 1505.

2) *Titre* : Aristotelis magnorum moralium liber primus Georgio Valla interprete. — *A la fin* : Finitum in alma Parhisiorum litteraria diatriba anno Domini virtutum salvatoris mundi 1505.

3) *Titre* : Aristotelis Stagyrite ethicorum libri X ad Nichomachum interprete Leonardo Aretino. — *A la fin* : Finitum in alma Parhisiorum academia M. D. IV.

4) *Titre* : Aristotelis operis ethicorum antiqua traductio. — *A la fin* : Absoluta sunt impensis sumptibus et diligentia Henrici Stephani in almo Parisientium studio anno ab incarnatione Domini virtutum M D V mense augusto.

5) *Titre* : Artificialis introductio per modum epitomatis in X libros ethicorum Aristotelis. — *A la fin* : Absoluta est in alma Parhisiorum academia per Henricum Stephanum in formularia litterarum arte opificem anno M D VI vicesima tertia februarii.

In-fol., car. romains et gothiques, signat. a-o, o-q3, a-e2, A-E3, a-h3, 53 lignes.

Fr. Recollector. Aurel.

**137.** C 122. **Aristote, Théophraste et Faber Stapulensis.** — Metaphysica. — *Paris*, 1515.

*Titre*: Aristotelis opus metaphysicum a Bessarione cardinale latinitate donatum cum Argyropyli in XII primos interpretamento. Theophrasti metaphysicorum liber unus. Item metaphysica introductio quatuor dialogorum libris elucidata authore Jac. Fabro Stapulensi. — *A la fin* : Impressum est Parisiis in aedibus Henrici Stephani anno Christi M. DXV vicesima die mensis octobris.

In-fol., car. romains, 2 col., 160 ff. chiffrés, rel. ancienne.

**138.** A 1606. **Augustin (S.).** — Opera diversa. — S. l. n. d. (*Bâle*, avant 1506).

*Titre* : Quinta pars librorum diui Aurelii Augustini quos scripsit episcopus de Trinitate, de consensu evangelistarum, contra epistolam Parmeniani de baptismo, ad Januarium de opere monachorum, contra Jovinianum de virginitate, de Genesi ad litteram cum conclusionibus Fr. Maronis. — *A la fin* : Sancti Augustini episcopi de Genesi ad litteram liber duodecimus et ultimus explicit.

In-fol., car. gothiques, 2 col., 52 lignes, 416 ff. non chiffrés, commentaires en car. plus petits, init. en couleur. Au v° du titre, lettre de J. Amerbach de Bâle au lecteur.

Fr. Augustin. Aurel.

**139.** A 386. **Aureolus (Petrus).** — Compendium biblie totius. — *Strasbourg*, 1514.

*A la fin* : Exactum a J. Schotte pressore Argentinensi anno M D XIIII die vero vigesimo primo febr.

In-4°, car. romains, 176 ff. chiffrés à la main, rel. ancienne.

Floriacensis monast.

**140.** E 695. **Beda (Venerabilis).** — Historia ecclesiastica gentis Anglorum. — *Anvers*, 1550.

In-fol., 263 pages chiffrées, rel. Th. Maioli.

**141.** E 473. **Bergomensis (Jacq.-Phil. Foresta ou).** — Supplementum chronicarum. — *Venise*, 1503.

*Titre* : Nouissime hystoriarum omnium repercussiones nouiter a reuerendissimo patre J. P. Bergomense... Supplementum supplementi chronicarum usque in annum salutis nostre M. CCCCC. II. — *A la fin* : Venetiis impressum per Albertinum de Lissona Vercellensem. M. CCCCC. III. die IIII maii.

In-fol., car. romains, 462 ff. chiffrés, fig. sur bois.

Fr. Minor. Recollect.

142. A 1410. Bernard (Saint). — Liber florum. — *Paris*, 1503.

*Titre* : Liber florum beati Bernardi abbatis Clarevallensis. — *A la fin* : Impressum est presens opus solerti opera Philippi Pigoucheti impensis Iohannis Parui. M. D. III. III nonas iulii.

In-8°, car. gothiques, 2 col., 110 ff. chiffrés, marque de Ph. Pigouchet.

Fr. Claudius Carterel 1565.

143. C 52. Bessario cardinalis. — Opera varia. — *Venise*, 1503.

*Titre* : Bessarionis cardinalis Niceni et patriarchae Constantinopolitani in calumniatorem Platonis libri quatuor. Eiusdem correctio librorum Platonis de Legibus Georgio Trapezuntio interprete... Eiusdem de natura et arte aduersus eundem Trapezuntium tractatus. — *A la fin* : Venetiis in aedibus Aldi Romani iulio mense M D III.

In-fol., car. romains, 112 ff. chiffrés + 8 non chiff.

Fr. Recollect. Aurel.

144. A 40. Biblia. — *Lyon*, 1509.

*Titre* : Biblia cum pleno apparatu summariorum concordantiarum. — *A la fin* : Impressum Lugduni per mag. Iacobum Sacon anno domini MDIX decimo die novembr.

In-fol., car. gothiques, 2 col., 361 ff. chiffrés plus aa-dd3 pour l'interprétation des noms hébreux, frontispice, marque typ. de Sacon.

Hanc bibliam ego Iohannes Houderon in legib. lic. emi a Jacobo Houys bibliopola Aurel. cum aliis pluribus libris in mense augustó 1511. — Fr. Recollect. Aurel.

145. A 43. Biblia. — *Lyon*, 1511.

*A la fin* : Impressa per mag. Iacobum Saccon M D XI decimo tertio ianuarii.

In-8°, car. gothiques, 2 col., 500 ff. chiffrés + 25 non chiff. pour le titre et les tables, A-E3 pour l'interprétation des noms hébreux.

Floriac. monasterii.

146. A 42. Biblia. — *Paris*, 1512.

*A la fin* : In florentissima Parrhisiorum universitate opera ac arte Philippi Pigouchet impressa impensis anno MDXII septimo Kal. ianuarii.

In-fol., car. gothiques, 2 col., 354 ff. chiffrés ; avant la table, gravure représentant les prophètes, les évangélistes, les apôtres S. Pierre et S. Paul et les docteurs de l'église S. Augustin et S. Jérôme; avant l'épître de saint Jean, le Christ en croix.

Boni Nuntii Aurel.

147. A 39. Biblia. — *Nuremberg*, 1501.

*Titre* : Biblia cum concordantiis veteris et novi testamenti. — *A la fin* : Per Anthonium Koberger Nuremberge impressa finit feliciter anno post

Christi nativitatem primo supra millesimum et quingentesimum die 24 mensis marcii.

In-fol., car. gothiques, 2 col., 58 lignes, signat. 1—5, a — zza, init. en couleur.

**148.** A 1779. **Biel (Gabriel).** — Epitome Occani. — S. l. ni. d. (*Tubingue*, 1502).

*Titre* : Inventarium generale breve et succinctum contentorum in quattuor collectoriis Gabrielis. — *A la fin* : Explicit collectorium et epitoma tertii sententiarum editum ab... Gabriele Byel.

In-fol., car. gothiques, 2 col., après chacune des quatre parties marque typ. F. M.

**149.** A 1778. **Biel (Gabriel).** — Collectorium. — *Bâle*, 1508.

*A la fin* :... a magistro Iacobo de Pfortzen anno dominice incarnationis M. D. VIII Basileae impressum.

2 vol. in-fol., car. gothiques, 2 col., sans foliation.

**150.** A 1005. **Biel (Gabriel).** — Expositio canonis missae. — *Lyon*, 1504.

*Titre* : Gabrielis Bielis sacri canonis misse tam mystica quam litteralis expositio (*en rouge*). — *A la fin* : Impensis Iohannis Cleyn alemanni chalcographi atque bibliopolae in famatissimo Lugdun. emporio anno domini MDIIII decimo die octobris.

In-fol., car. gothiques, 2 col., 204 ff. chiffrés, rel. ancienne, marque typ. de I. Cleyn.

Seminarii Aurel.

**151.** D 3037. **Boèce, Dathus, Verulanus et Guido Juvenalis.**

1) De consolatione philosophiae. — *Rouen*, s.d. (1502-1530).

*Titre* : Boetius de consolatione philosophiae duplici cum commentario videlicet sancti Thome et Jodoci Badii Ascensii cum utriusque tabula. Item eiusdem de disciplina scholarium cum explanatione in Quintilianum de officio discipulorum diligenter annotata recenter impressus Rothomagi impensis honestissimi viri Michaelis Angier bibliopole ac religatoris universitatis Cadomensis... Venale habetur Cadomi in officina Michaelis Angier librarii alterius religatorum universitatis Cadomensis in parrochia sancti Petri ad oras pontis. — *A la fin* : Impressum est hoc opus Rothomagi pro honestissimo viro Michaele Angier...

In-4°, car. gothiques, 196 + 31 ff. non chiffrés, marque typ. de M. Angier.

2) Dathus (Augustinus), Verulanus et Fr. Niger.
De elegantia. — *Paris*, 1519.

*Titre* : Augustini Dathi Senensis libellus de elegantia cum commentariis et additionibus solitis et alter de antiphrasi et floribus Ciceronis. Ioh. Sulpicii Verulani de componendis et ornandis epistolis. Regulae Francisci Nigri. — *A la fin* : Ex aedibus Anthonii Bonnemere anno domini MDXIX.

Car. gothiques, signat. Aa — Cc, a — n, marque typ. de Marnef.

3) Guido Iuvenalis.

De elegantia latinae linguae. — *Paris*, 1512.

*Titre* : Guidonis Iuvenalis patria Cenomani in latine lingue elegantias tam a Laurentio Valla quam a Gellio memorie proditas interpretatio dilucida thematis creberrime adhibitis. — *A la fin* : Impressum Parisiis in bibliopola Iohannis Herouf anno salutis MDXII ad Kalendas novembrias.

Car. gothiques, 95 ff. chiffrés, marque typ. de I. Herouf, rel. ancienne.

Fr. Recollect. Aurel.

**152.** C 359. **Boèce.** — De consolatione philosophiae. — *Lyon*, 1509.

*Titre* : Triplex commentatio ex integro reposita atque recognita in Boetium de consolatione philosophiae et de disciplina scolastica ea videlicet que divo Thomae Aquinati ascribitur et que ab Ascensio recentius est emissa, una cum libello de moribus in mensa informandis a Sulpicio Verulano edito. — *A la fin* : Lugduni per Stephanum Balaud MDIX undecimo die octobris.

In-4°, car. gothiques, signat. a — D4 ; venumdatur Lugduni a Iohanne Huguetan, rel. ancienne.

Fr. Praedicator. Aurel.

**153.** C 358. **Boèce.** — Même ouvrage. — *Lyon*, 1511.

*A la fin* : Impressum fuit hoc opus Lugduni per insignes impressores Petrum Mareschal et Bernabam Chaussard MDXI.

In-4°, car. gothiques, signat. a—C.

Fr. Augustin. Aurel.

**154.** C 162. **Boèce.** — Opera. — *Venise*, 1517.

*A la fin* : Venetiis impensa heredum quondam domini Octaviani Scoti civis Modoetiensis ac sociorum 22 aprilis 1517.

In-fol., car. gothiques, 2 col., 161 ff. chiffrés, marque typ. d'O. Scoto, rel. ancienne.

Fr. Thomas Ravenel. — Fr. Augustin. Aurel.

**155.** E 3693. **Boccace (Johannes Boccacius Certaldus).** — De casibus illustrium virorum. — *Paris*, s. d. (1507-1520).

*Titre* : Ioannis Boccacii Certaldi de casibus illustrium virorum libri novem. — *A la fin* : ... nunquam antea apud Gallos impressi tandem stanneis characteribus excusi sunt Parhisiis ab Ioanne Gormontio bibliopola.

In-fol. car. romains, 117 + 12 ff. chiffrés, rel. ancienne.

Fr. Recollect. Aurel.

156. A. 2571. Bonaventura (S.). — De vita Christi. — S. l. ni d.

*Sans titre, au fol. a 2 :* Beati Bonaventure doctoris seraphici ordinis fratrum Minorum in meditátiones devotas vite Jesu Christi per sanctum Bonaventuram doctorem ceraphicum (*sic*) editus sive compositus.

In-8°, car gothiques, signat. a2-m3.

157. C 176. Bouelles (Charles de). — Opera varia. — *Paris*, **1513** et **1516**.

1) *Titre* : Commentarius in primordiale evangelium S. Ioannis, vita Remundi eremitae, philosophicae et historicae aliquot epistolae. — *A la fin* : In aedibus Ascensianis ad idus sept. MDXIII.

2) *Titre* : Epistolae sanctissimorum cum commentariis Symphoriani Champerii. — *A la fin* : ... Prelo Ascensiano ad IIII id. martias MDXVI calculo romano.

In-4°, car. romains, 90 + 92 ff. chiffrés, rel. ancienne.

158. A 1003. Boussardus (Gaufredus). — De missae sacrificio. — *Paris*, **1511**.

*Titre* : De divinissimo misse sacrificio per Gaufredum Boussardum Cenomanum theologum doctorem. — *A la fin* : ... In aedibus Ascensianis impensis Iohannis Parvi ad IX cal. novembres MDXI.

In-4°, car. gothiques, 2 col., 100 ff. chiffrés, marque typ. de J. Petit, rel. ancienne.
Seminarii Aurel. — G. Groyn.

159. E 321. Breydenbach (Bernard de). — Sanctae peregrinationes. — *Spire*, **1502**.

*Titre* : Sanctarum peregrinationum in montem Syon ad Christi sepulcrum in Jerusalem atque in montem Synai... — *A la fin* : ... per Petrum Drach civem Spirensem MDII.

In-fol., car. gothiques, fig. en bois.

160. A 1781. Brito (Hervaeus). — In IV Lombardi sententias. — *Venise*, **1505**.

*Titre* : Hervei Britonis predicatorie familie antistitis in quattuor Petri Lombardi sententiarum volumina. — *A la fin* : ... Venetiis per Lazarum de Soardis 1505, die III ianuarii.

In-fol., car. gothiques, 2 col., marque typ., volume en quatre parties avec un titre spécial, 72, 32, 8 et 21 ff. chiffrés ; à la fin, trois distiques et ces mots : « Fortuna opes auferre non animum potest. »
Fr. Augustinor. Aurel.

161. C 115. Burlaeus (Gualterus). — In physicas Aristotelis. — *Venise*, **1508**.

*Titre :* Gualteri Burlaei in physicas Aristotelis. — *A la fin* : Venetiis mandato ac sumptibus heredum nobilis viri quondam D. Ocaviani (*sic*) Scoti civis ac patritii Modociensis... arte et diligentia presbyteri Boneti Locatelli Bergomens. anno salutis 1508. die vero 27. mensis iulii.

In-fol., car., gothiques, 2 col., 239 + 6 ff. chiffrés, marque typ. d'O. Scoto de Monza.

**162.** D 3048. **Buschius (Hermann).** — Vallum humanitatis. — *Cologne*, 1518.

*Titre* : Hermanni Buschii pasiphili vallum humanitatis. — *A la fin* : Impressum per Nicolaum Caesarem Francum orientalem Coloniae in vico qui Venter felis vulgo Katzenbuch dicitur, anno Christi incarnati. M.D.XVIII. pridie idus aprilis.

In-4°, car. romains, 60 ff. chiffrés, signat. A-M.

**163.** D 60. **Capito (Fabricius).** — Institutiones hebraicae. — *Bâle*, 1518.

*Titre :* V. Fabricii Capitonis Hagensii theologiae doctoris et concionatoris Basileiensis hebraicarum institutionum libri duo. — *A la fin* : Basileae apud Io. Frobenium, mense ianuario, anno M.D.XVIII.

In-4°, car. romains, signat. A-I, hébreu avec les points-voyelles, frontispice, marque typ. de Froben, rel. ancienne.

Boni Nuntii Aurel.

**164.** B 1419. **Catellianus Cotta (Caius).** — Memoralia. — *Pavie*, 1511.

*Titre :* C. Catelliani Cottae legum scholastici memoralia ex iure divino et humano excepta per ordinem litterarum. — *A la fin* : Ticini apud Iacobum de Burgo Franco, Kal. martii, M.CCCCC.XI.

In-4°, car. gothiques, 129 ff. chiffrés.

**165-166.** C 608, D 1163. **Clichtoveus (Jodocus).** — De vera nobilitate. — *Paris*, 1512.

*Titre* : De vera nobilitate opusculum : completam ipsius rationem explicans et virtutes quae generis nobilitatem imprimis decent ac exornant depromens... (authore Judoco Clichtoveo Neoportunensi). — *A la fin :* Completum in alma Parisiorum academia anno Domini virtutum et scientiarum authoris millesimo quingentesimo duodecimo, septimo Kal. septembres per Henricum Stephanum...

In-4°, car. romains, 30 ff. chiffrés.

Fr. Minor. Recollector.

**167.** A 1091. **Clichtoveus (Jodocus).** — Elucidatorium ecclesiasticum. — *Paris*, 1516.

*Titre* : Judoci Clichtovei elucidatorium ecclesiasticum ad officium ecclesiae pertinentia planius exponens... — *A la fin* : Parisiis in officina libraria Henrici Stephani... anno domini decimo sexto supra millesimum et quingentesimum die vero aprilis decima nona.

In-fol., car. romains, 223 ff. chiffrés.
Fr. Augustin. Aurel.

**168.** C 106. **Coronel (Antonius).** — Quaestiones logicae. — *Paris*, s. d. (1505-1511).

*Titre* : Questiones logice secundum viam realium et nominalium una cum textus explicatione mag. Antonii Coronel. — *A la fin* : Predicabilia ab A. Coronel hispano de regno Castello diocesis Segobiensis dum regeret Parisius in collegio Montis Acuti composita expliciunt Parisius impressa opera Iacobi le Mercier.

In-fol., car. gothiques et romains, front., a-g, marque typ. d'O. Senant.
Fr. Minor. Recollect.

**169.** B 1658. — Coutumes (les) d'Orléans. — *Paris*, s. d. (1508-1521).

*Titre* : Les coustumes des bailli- | age et p̄voste dorleans nouuellement imprimees. — *A la fin* : Cy finissent les coustumes... imprime a Paris par veufve feu Iehan Trepperel et Iehan Iehannot demourās en la rue neufve nostre dame a lengeigne de lescu de France.

In-8°, car. gothiques, signat. A-O, gravures au r° et au v° du titre.

**170.** B 1659. **Même ouvrage.** — *Paris*, s. d. (1509-1512).

*Titre* : Les coustumes des bailliage et prevoste dorleans et ressors diceulx, Lesquelles danciennete ont este vulgarement appellees Les coustumes de Lorry pour ce que Lorry est une des chastellenies dudict balliage ou elles furent Lors redigees par escript.

Vélin in-8°, car. gothiques, signat a-m par 4 ff., à la fin marque typ. de Ph. Pigouchet. Le procès-verbal qui commence est daté du 22 octobre 1509.

**171.** E 1461. **Curtius (Quintus Rufus).** — De rebus gestis Alexandri magni. — *Bâle*, 1545.

Rel. Th. Maioli.
J. Damain.

**172.** C 2140. **Cyrurgia.** — *Venise*, 1519.

*Titre* : Cyrurgia Guidonis de Cauliaco et Cyrurgia Bruni Theodorici. Rolandi. Lanfranci. Rogerii. Bertapalie. — *A la fin* : Venetiis per Bernardinum Venetum de Vitalibus anno dni M.CCCCC.XIX. die XX mensis februarii.

In-fol., car. gothiques, 2 col., 276 ff. chiffrés, marque typ. de B. Veneto.
Petrus Bocellini et amicorum. — Ex dono Arnauld de Nobleville.

**173.** A 1528. **Damascenus (Joannes).** — Theologia. — *Paris*, 1512.

*Titre* : Theologia Damasceni quatuor libris exposita (a Iod. Clichtoveo) et adiecto ad litteram commentario elucidata. — *A la fin* : Haec Damasceni cum expositione prima aemissio (*sic*) typis absoluta est Parisiis ex officina Henrici Stephani anno Christi... M.D.XII. nonis februarii.

In-fol., car. romains, 203 ff. chiffrés, front., rel. ancienne.
Floriacens. monasterii.

**174.** A 1418. **Dionysius (S.) Areopagita.** — Opera. — *Strasbourg*, 1502 et 1503.

1) *Titre* : Opera Dionysii veteris et nove translationis etiam novissime ipsius Marsilii Ficini cum commentariis Hugonis. Alberti Thome. Ambrosii oratoris Linconiensis et Vercellensis. — *A la fin* : Impressa Argentine VIII Kal. febr. anno salutis nostre millesimo quingentesimo tertio.

In-fol., car. gothiques, 319 ff. chiffrés, 2 col., 44 lignes pour le texte et 56 pour le commentaire.

2) *Titre* : Dionysii celestis hierarchia. — *A la fin* : ...impressorum Argentine anno dni M.V[c].II finitorum in die Vitalis martyris.

Car. gothiques, 121 ff. chiffrés.

3) *Titre* : Preclarum opusculum Dionysii Areopagite de mystica theologia et de divinis nominibus Marsilio Ficino interprete impressioneque nova luculentum. — *A la fin* : Impressum Argentine anno dni M.V[c].II. finitum in die sanctorum Viti et Modesti.

Car. gothiques, 67 ff. chiffrés, init. en couleur, rel. ancienne.

**175.** C 1772. **Divry (Jean), Hippocrate, etc.** — Scrinium medicinae. — S. l. ni. d. (*Paris*, 1520?).

*Titre* : Scrinium medicine authore Ioanne Divrio Bellovaco ipsius artis professore. — Viennent ensuite différents ouvrages d'Hippocrate, de Celse, d'Arnauld de Villeneuve, d'Alexandre Benoist et de Champier.

In-8°, car. gothiques, 157 ff. chiffrés, 39 lignes, après le titre marque typ. « Sol iustitie X P S », au fol. 1 v° dédicace de l'ouvrage au chancelier Duprat avec la date 1519, à la fin privilège royal en faveur de I. Divry, daté du 22 juillet 1519, « Datum Carreriis », oblong de 0,070 millim. sur 160.
La Gouesliére. — Mathurin Pigne.

**176.** B 123. **Egidius de Bella mera.** — Consilia. — *Lyon*, 1512.

*Titre* : Consilia Egidii de Bella mera. — *A la fin* : Opera solertis calcographi Ioannis de Cambray alias de Moylin finis impositus est anno duodecimo post quintum christianum nestora undecimo Kal. maii in inclyta Lugduni urbe expensis curiosi bibliopole Vincentii de Portonariis.

In-fol., 6 vol., car. gothiques, 2 col., 90 ff. chiffrés, marque typ. avec cette inscription : « Vincentius de Portonariis de Triduno de Monte Ferrato. »

Ex bibl. Guill. Prousteau.

**177.** A 1805. **Egidius de Roma.** — Castigatorium S. Thomae. — *Strasbourg*, 1501.

*Titre* : Castigatorium Egidii de Roma in corruptorium librorum sancti Thome de Aquino a quodam emulo depravatorum. — *A la fin* : Argentine impressum in officina Martini Flach iunioris anno millesimo quingentesimo primo sexto idus ianuarias.

In-fol., car. gothiques, 2 col., signat. A-N, rel. ancienne.

Fr. Augustin. Aurel.

**178.** E 3914. **Erasme.** — Moriae encomium. — *Paris*, s. d. (1508, Brunet, II, 1037).

*Titre* : Moriae encomium Erasmi Roterodami declamatio.

In-4°, 48 ff., signat. a-h, l'épître est sans date.

Boni Nuntii. — Ad usum fr. Stephani Paris, Aurelii, ordinis Predicatorum.

**179.** D 2730. **Erasme.** — Chiliades IV adagiorum. — *Bâle*, 1515,

*Titre disparu*; *à la fin* : Finis chiliadum Erasmi Roterodami ex accuratissima officina Frobenniana Basileae an. M.D.XV.

In-fol., car. romains, 633 pages ch. + 24 ff. non ch. pour la dédicace de cette seconde édition (datée de Londres 1513) et pour la table; à la fin, épître de Froben, sa marque typ. et le registre, rel. ancienne.

Boni Nuntii Aurel.

**180.** D 1993. **Euripide.** — Tragoediae. — *Venise*, 1503.

*Titré* : Euripidis tragoediae septendecim ex quibus quaedam habent commentaria. — *A la fin* : Venetiis apud Aldum mense februario M.D.III.

2 tomes en un vol. in-8°, le premier comprend 268 ff. avec les signat. A-KK, le second 190 ff. AA-AAA. La tragédie d'*Hercule furieux* a été ajoutée au second volume et l'ouvrage contient ainsi 18 tragédies.

Ex bibl. G. Prousteau.

**181.** A 2683. **Fernandus (Carolus).** — De animi tranquillitate. — *Paris*, 1512.

*Titre* : De animi tranquillitate libri duo F. Caroli Fernandi. — *A la fin* : Parrhisiis. M.D.XII. ad idus novembris in aedibus Ioh. Parvi et Iodoci Badii Ascensii.

In-4°, car. romains, 73 ff. chiffrés.

Fr. Minor. Recollector.

**182.** D 2878. **Ferretti (Nicolaus).** — Opera. — S. l. (*Venise*) 1507.

*Titre* : Nicolai Ferretti Rhavennatis opera utilissima. — *A la fin* : Opera et impensa Ioannis Tacuini Tridinensis accuratissimi chalcographi cusum est hoc opus... anno... millesimo septimo et quingentesimo. XV Kalendas quintiles.

In-fol., car. romains, 83 ff. chiffrés.

Fr. Minor. Recollector.

**183.** D 1402. **Folengo (Theophilo).** — Opus Merlini Cocau. — *Toscolano*, 1521.

*Titre* : Opus Merlini Cocaii poete mantuani Macaronicorum totum in pristinam formam per me magistrum Acquarium Lodolam optime redactum in his infra notatis titulis divisum : Zanitonella que de amore Tonelli erga Zaninam tractat que constat ex tredecim sonolegiis septem aeclogis in una strambottolegia : Phantasiae Macaronicon divisum in vigentiquinqz macaronicis tractans de gestis magnanimi et prudentissimi Baldi : Moschaeae facetus liber in tribus partibus divisus et tractans de cruento certamine Muscarum et formicarum : Libellus epistolarum et epigrammatum ad varias personas directarum. — *A la fin* : Tusculani apud Lacum Benacensem Alexander Paganinus. M.D.XXI. die V ianuarii.

In-16, 272 ff. chiffrés, signat. A-LL et 8 ff. non chiffrés, signat. MM contenant « Epistola volgare dil auctore di Merlino Cocaio — Riposta di Alessandro », l'errata en 8 pages, le repertorium, et, enfin au r°, un sonnet, petites vignettes sur bois.

Ex bibl. Guill. Prousteau.

**184.** C 1549. **Galien.** — Opera. — *Venise*, 1502.

*Titre* : Pars secunda operum Galieni impressione secunda. — *A la fin* : Venetiis per Bernardinum Benalium civem Bergomensem impressus. 1502.

Gr. in-fol., car. gothiques, 2 col., signat. Aa-Nn, Aaa-Ooo, 1-9, init. en couleur, rel. ancienne.

Fr. Minor. Recollector.

**185.** C 115. **Gandavo (Joannes de).** — Super Averroem. — *Venise*, 1514.

*Sans titre, au cahier O, fol.* 105 : Incipit aurea expositio Ioannis de Gandavo Averroystarum principis super libro Averrois de substantia orbis. — *A la fin* : ... impensis n. v. dni Lucantonii de Giunta flor. Venetiis. anno 1514. die 8 aprilis.

In-fol., car. gothiques, 2 col., 27 ff. chiffrés.

**186.** A 2837. **Gerson, S. Jean Climaque, S. Bernard, etc.** — *Paris*, 1511.

1) *Titre* : Alphabetum divini amoris compositum a D. Gersonio novissime per quemdam monachum Cisterciensis ordinis correctum (Cf. nº 47).

In-8º, car. gothiques, 24 ff., marque typ. de De la Barre.

2) *Titre* : Doctoris spiritualis Ioannis Clymaci triginta gradus celestis scale. — *A la fin* : Impressum Parisiis sumptibus Iohannis Parvi et Francisci Regnault. M. DXI. 16 Kal. martis.

Car. gothiques, 108 ff., marque typ. de Fr. Regnault.

3) *Titre* : Tractatus de futuris christianorum triumphis in Sarracenos magistri Ioannis Viterbiensis.

Car. gothiques, 56 ff., 32 lignes.

4) *Titre* : Bernardus de concordantia statuum religiosorum qui pro suo tempore erant.

Car. gothiques, 20 ff., 31 lignes.

5) *Titre* : Secundum legem debet mori Iohannis decimo nono. — *A la fin:* Explicit passio secundum legem.

Car. gothiques, 16 ff., 32 lignes, rel. ancienne.

Ex dono D. Mangeard. — Sum Petri de Reilhac, Sorbon.

**187.** C 1801. **Goeurot (Jean) et Nicolas de Houssemaine.** — Summaire de toute médecine. — S. l. n. d.

*Titre* : Summaire tressingulier de toute medecine et cyrurgie... compose et approuue par maistre Iehan Goeurot... medecin du treschrestien roy de France Francoys premier de ce nom. — *Au fol.* 71 *vº* : Regime et traite singulier contre la peste faict et compose par maistre Nycollas de Houssemaine docteur regent en luniversite dangiers.

In-16, car. gothiques, 91 ff. chiffrés + 5 ff. pour la table, 22 lignes (Brunet, II, 1646).

Boni Nuntii Aurel.

**188.** C 2095. **Gradis (Johannes Matheus de) et R. Lulle.** — De medicina. — *Venise*, 1514.

*Titre* : Consiliorum consummatissimi artiumque medicine doctoris dni Ioannis Mathei de Gradis Mediolanensis... necnon... Raymundi Lulii de secretis nature. — *A la fin :* Impressa Venetiis... per Georgium Arrivabenum anno 1514, die penultimo maii.

In-fol., car. gothiques, 113 ff. en chiffres arabes, 2 col., marque typ. d'Oct. Scoto de Monza.

Ex dono Stephani Arterier, 1764.

**189.** D 55. **Grammaire et Vocabulaire de la langue hébraïque.** — *Alcala de Henarès*, 1515.

1) *Titre* : Introductiones artis grammatice hebraice. — *A la fin* : Explicit grammatica hebraica nouiter impressa in hac preclarissima Complutensi universitate de mandato ac sumptibus Fr. Ximenez de Cisneros industria et solertia Arnaldi Guilielmi de Brocario artis impressorie magistri anno dni M. D. xv. mensis maii die ultima.

2) *Titre* : Incipit uocabularium hebraicum. — *A la fin, ut supra* : ... mensis marcii die septima decima.

In-fol., car. romains, l'hébreu a les points-voyelles, 15 ff. + 172 ff. + 34 ff. pour les tables, signat. a-a4, A-E, marque typ. d'A. Guillen de Brocar.

Anciens Carmes.

**190.** C 409. **Grant Jacque (Le).** — Sophologium sapientiae. — S. l. n. d.

*Titre* : Sophologium sapientie. — *A la fin* : Iacobi magni sophologium finit feliciter.

In-4°, car. gothiques, signat. a-E, 34 lignes ; les feuillets de garde renferment des vers romans. (La Serna, III, 134 ; Laire, I, 146, n° 114 ; Brunet, III, 1293).

Fr. Augustin. Aurel.

**191.** A 1492. **Grégoire (S.) de Nazianze.** — Carmina. — *Venise*, 1504.

*Sans titre* : Index eorum quae hoc volumine continentur. Γρηγοριου του θεολογου επισκοπου ναζιανζου περι των καθ'εαυτον επη. Δι' ων παροξυνει λεληθότως ημας προς τον εν χριστω βιον. — *A la fin* : ... Μη πως διηθης εσχατων καθαρσιων. Τελος.

*Sans titre* : Gregorii theologi... carmina. — *A la fin* : Venetiis ex Aldi Academia mense Iunio. M. D. IIII.

In-4°, 224 ff. + 2 ff. pour l'index du commencement et 2 ff. pour les corrections.

Floriacensis monasterii.

**192.** B 102. **Henricus Hostiensis cardinalis.** — Lectura in V decretalium libros. — *Paris*, 1512.

*A la fin* : Impensa Iohannis Parvi bibliopole ac Thielmanni Kerver impressoris per virum utique solertissimum m. Bertholdum Rembolt optimis characteribus Parisius recenter ac de novo impressa anno ab incarnatione dnica millesimo quingentesimo. XII. octavo idus septembris.

In-fol., car. gothiques, 2 col., 368 ff. chiffrés, tranche dorée, rel. ancienne.

Capucinis Aurel.

**193.** E 1426. **Hérodote.** — Historiae. — *Venise*, 1502.

*Titre* : Herodoti libri novem qvibvs Mvsarvm indita svnt nomina (en grec). — *A la fin* : Venetiis in domo Aldi mense septembri. M. D. II. et cum privilegio ut in caeteris.

In-fol., 140 ff. non chiffrés, l'ancre ne porte que ALDVS.

**194.** D 216. **Hesychius.** — Dictionarium. — *Venise*, 1514.

*Titre :* ΗΣΥΧΙΟΥ ΛΕΞΙΚΟΝ. Hesychii dictionarium. — *A la fin* : Venetiis in aedibus Aldi et Andreae soceri mense augusto. M. D. XIIII.

In-fol., 198 ff. non chiffrés, plus un fol. contenant au v° l'ancre Aldine, 2 col.

Ex libris H. de Valois, qui a laissé 14 pages de notes mss. — Volume prêté à Graevius en 1689. — Guill. Prousteau

**195.** H 890. **Heures à l'usage d'Orléans.** — *Paris*, 1514.

*Sans titre* ; *à la fin* : Cest presentes heures tout au long sans riens requerir avec les grans suffrages ont este imprimees a Paris par Jehan de la roche Lan mil cinq cens et quatorze pour Guillaume Eustace libraire du roy demeurant en lad° ville a la rue neufve nostre dame a lenseigne de lagnus dei ou au palais au troisiesme pillier.

Vélin in-8°, car. gothiques, 30 lignes, 106 ff., signatures a-m, A-D4, 18 gravures à pleine page et 15 petites, init. en couleur, marque typ. de G. Eustace, le calendrier va de « V centz XII a V centz XXVII ». Il n'y a aucun saint propre au diocèse d'Orléans.

**196.** A 1080. **Même ouvrage.** — S. l. n. d.

*Sans titre.* — In-8°, car. gothiques, 31 lignes, vignettes, signat. aa2-dd 3, a-K3, A-D ; *au fol. bb*, le mot Orléans et, à chaque nouvelle lettre des signat. on lit : Or. ; le calendrier indique la fête du 8 mai sous cette rubrique : « Liberat. Aurel. »

**197.** A 1087. **Heures à l'usage de Rome.** — *Paris*, s. d. (1515).

*Titre* : Hore intemerate virginis Dei genitricis marie : secundum usum ecclesie romane : totaliter ad longum sine require : una cum pluribus aliis suffragiis orationibus accommodis : et de novo additis, Parisius noviert (*sic*) impressis pro Germano Hardouyn : commorantem ante palatium : ad intersignium sancte margarete — *A la fin* : Parisius impresse per Egydium Hardouyn commorantem in confinio pontis nostre domine ante templum divi dionysii de carcere ad intersignium rose deauree...

Vélin in-16, 178 millim. sur 77, 76 ff., 17 figures enluminées, almanach pour 16 ans (1515-1530), les fol. D 2 et 3 ont été coupés.

**198.** E 3914. **Hochstraten (Jacobus).** — Defensio principum Almaniae. — *Cologne*, 1508.

1) *Titre* : Defensio scholastica principum Almanie in eo quod sceleratos detinent insepultos in ligno compilata ab eximio sacre theologie professore Iacobo Hochstraten contra opus Petri Ravennatis. — *A la fin* : Impressum per me Ioannem Landen ciuem felicis ciuitatis Coloniensis in platea scti Gereonis in domo facultatis artium Rubea porta nomina moram gerentem anno domini M.CCCCC.VIII. X die maii.

In-4°, car. gothiques, 24 ff., gravure au dernier fol.

2) *Titre* : Iustificatorium principum Alamanie a Iacobo Hoechstraten compilatum dissolvens rationes Petri Ravennatis...

In-4°, car gothiques, 16 ff.

**199-200.** A 714, A 715. **Hugo a Sancto Charo.** — Postillae super evangelia. — *Paris*, 1508.

*Titre :* Hugonis cardinalis divina expositio in altos quatuor euangeliorum apices. — *A la fin* : Explicit postilla dni Hugonis cardinalis super euangelium sancti Ioannis impressa Parisiis expensis Udalrici Gering et magistri Berchtoldi Remboldt sociorum M.D.VIII die 20 octobris.

In-fol., car. gothiques, 361 ff. chiffrés + 8 ff. pour la table, rel. ancienne.

Fr. Minor. Recollect. — Minim. Aurel.

**201.** D 1163. **Hyginus.** — Astronomicon. — *Paris*, 1514.

*Titre rouge :* Hygini historiographi uerissimi simul et philosophi profundissimi aureum opus historias ad amussim pertractans una cum multis astronomice rationis ambagibus, et signis poetarum locis prope infinitis exacte callendis non mediocriter conducturis. — *A la fin* : Vale Parrhisiis pridie kal. aprilis M.CCCCC.XIIII.

In-4°, car. romains, 40 ff. non chiffrés, fig. en bois, après le titre marque de Félix Baligaut et, au-dessous, celle de J. Lambert.

Fr. Minor. Recollector.

**202.** E 2724. **Irenicus (Franciscus).** — Germaniae exegesis. — *Haguenau*, 1518.

*Titre* : Germaniae exegeseos uolumina XII a Francisco Irenico Etlegiacensi exarata. Eiusdem oratio protreptica in amorem Germaniae. Urbis Norimbergae descriptio Conrado Celte enarratore. — *A la fin* : Elaboratum est hoc opus typis ac formulis Thomae Anshelmi Hagenoae praesente castigatoreque authore ipso sumptibus autem Iohannis Kobergii Norimbergensis incolae anno M.D.XVIII mense augusto.

In-fol., car. romains, 221 ff. chiffrés + 29 ff. avec signat. Q4-V5 et 6 ff. pour le titre et la préface, marque typ. T A B (Thomas Anshelmus Badensis).

Liber inclytae nationis Germanicae, quae est Aureliae super Ligerim, donatus a Petro Triplaeo Namurcensi.

**203.** E 1046. **Jérome (Saint).** — Vitae patrum. — *Lyon*, 1502.

*Titre* : Vitas patrum. — *A la fin* : Impressum Lugduni amoenissima urbe per magistrum Nicolaum Wolf de Lutrea anno dni M.CCCCC.II. mensis aprilis die vero XXVIII.

In-4°, car. gothiques, 52 lignes, 2 col., 213 ff. chiffrés, rel. ancienne.

Fuliensium S. Maximini.

**204.** A 1593. **Jérome (Saint).** — Epistolae. — *Lyon*, 1513.

*Titre* : Epistole sancti Hieronymi. — *A la fin* : Lugduni per Nicolaum de Benedictis anno M D XIII mense iulio.

In-fol., car. romains, signat. a-yyy4, marque typ. de N. de Benedictis, rel. ancienne.

Pro Cartusia Parisiensi.

**205.** C 1588. **Johannes anglicus de Gastiden.** — Rosa anglica. — *Venise*, 1502

*Titre* : Rosa anglica practica medicine a capite ad pedes. nouiter impressa et perquam diligentissime emendata. — *A la fin* : Impressa Venetiis mandato et expensis heredum nobilis uiri dni Octauiani Scoti ciuis Modoetiensis per Bonetum Locatellum Bergomensem presbyterum anno salutitere incarnationis dnice secundo supra millesimum quingentesimumque decimo sexto Kalen. ianuarias.

In-fol., car. gothiques, 2 col., 135 ff. chiffrés, marque typ. d'O. Scoto.

Justus Laigneau doctor medicus Patavinus. — Capucinor. Aurel. ex dono d.d. Grata.

**206.** D 329. **Johannes Balbus de Janua.** — Catholicon. — *Lyon*, 1503.

*Titre* : Summa que Catholicon appellatur f. Ioannis Ianuensis nuper Parrhisiis emendata per P. Egidium. — *A la fin :* Impressum Lugduni per eximium virum Nicolaum Wolf anno domini M DIII.

In-fol., car. gothiques, 2 col., signat. a-A-q, marques typ. de Wolf et de Jacques Huguetan.

Fr. Minor. Recollect.

**207.** D 330 **Johannes Balbus de Janua.** — Même ouvrage. — *Lyon*, 1514.

*Titre* : Catholicon seu universale vocabularium ac summa grammatices f. Ioannis Genuensis nuper a P. Egidio auctum. Accessit... ex Calepino Tortellio augmentum. — *A la fin* : Impressa est Lugduni per Iohannem de Platea anno hoc ab incarnatione dnica M.CCCC.XIIII.

In-fol., car. gothiques, 2 col , signat. a-A-y4 et marque typ. de Martin Boillon de Lyon, rel. ancienne.

Fr. Augustin. Aurel.

**208.** D 331. **Johannes Balbus de Janua.** — Même ouvrage. — *Lyon*, 1520.

*A la fin* : Impressum Lugduni arte et industria Antonii du Rys anno dni M.CCCC.XX.

In-fol., car. gothiques, 2 col., signat. a-A-L, front.

Fr. Minor. Recollect.

**209.** A 2755. **Johannes (S) Climacus, etc.** — Coelestis scala. — *Paris*, s. d.

1) *Titre* : Doctor spiritualis Clymacus.

In-16, car. gothiques, 31 lignes, 158 ff. chiffrés, front., marque typ. de Denis Roce (1490-1518).

2) *Titre* : Speculum christianorum multa bona continens. Venumdatur Lutecie Parisiorum ab Iohanne Parvo.

Car. gothiques, 32 lignes, signat. A-G.

3) *Titre* : Cura clericalis ecclesiasticis hominibus pernecessaria una cum abbreviatione compoti. — *A la fin* :

Explicit iste liber qui gemmis carior extat.
Spes vos jam fallit qui nunc peccare soletis
Exemplo pene vos reparate Deo.
In Domino semper vite sperare salutem
Qui mundo nolunt multa beare suo.

Car. gothiques, 16 ff., après le titre, marque typ. de Raulin Gaultier de Rouen (1507-1534) : « venundantur Rothomagi in aedibus Radulphi Gaultier bibliopole bene meriti. » Au v° gravure représentant S. Jean dans l'île de Patmos.

4) *Titre* : Speculum curatorum...

Car. gothiques, 32 lignes, signat. A-E, marque typ. de J. Petit. Au fol. A2 épître d'Arthur Fillon à Georges d'Amboise, archevêque de Rouen.

**210.** E 2921. **Johannes Magnus.** — De Gothorum Sueonumque regibus. — *Rome*, 1554.

In-fol., reliure Grolier.

Ex bibl. ptocotropii Aurelianensis 1685.

**211-212.** D 2840, D 2841. **Joannes Sarisberiensis.** — Policraticum. — *Paris*, 1513.

*Titre* : Policratici contenta festivum opus et omni statui delectabile lectu quod intitulatur Policraticum de nugis curialium et uestigiis philosophorum Ioannis Salesberiensis. — *A la fin* : Impressum Parrhisiis opera et expensis magistri Bertholdi Rembolt et Iohannis Parvi anno MDXIII.

In-fol., car. romains, 232 ff. chiffrés + 46 ff. de table, marque typ. de J. Petit.

Ex biblioth. G. Prousteau.

**213.** E 1389. **Josèphe.** — Opera. — *Paris*, 1513.

*Titre* : Opera Josephi cum annotationibus Roberti Goullet. — *A la fin* : Parisiis per Iohannem Barbier anno dni MDXIII.

In-fol., car. romains, 194 ff. chiffrés, front., marque typ. de J. Petit, rel. ancienne.

Ex libris fr. L. Chantereau ordinis fr. Eremitarum S. Augustini Aurel., abbatis monasterii S. Evurtii Aurel. et confessoris regii (1529-1531).

**214.** D 1388. **Josèphe.** — Opera. — *Paris*, **1519.**

*A la fin* : Parisiis, impensis Francisci Regnault et Iohannis Parvi impressa anno MDXVIIII penultima martis.

In-fol., car. romains, 194 + 110 ff. même front. que dans l'ouvrage précédent.

Car. Luillier. — Boni, Nuntii Aurelian.

**215.** A 1566. **Lactance, S. Jean Chrysostome, etc.** — Opera, etc. — *Paris*, **1513.**

*Titre* : Lepida Lactantii Firmiani opera accurate graeco adiuncto castigata, eiusdem Nephytomon, carmina de Phoenice et Christi resurrectione ; Ioh. Chrysostomi de Eucharistia sermo. Laurentii Vallensis sermo ; Philippi ad Theodosium Iudaeum exhortatio ; Tertulliani apologeticus. — *A la fin* : ... pro Iohanne Petit ab Nicolao de Pratis impressa anno MDXIII nono kal. ian.

In-4°, car. romains, 225 ff. chiffrés + 10 ff. pour la table, marque typ. de J. Petit.

Ex libris Desiderii Jacquin. — Ex bibl. G. Prousteau.

**216.** A 2756. **Lavacrum conscientiae, etc.** — *Paris*, **1517.**

1) *Titre* : Lauacrum conscientie. — *A la fin* : Parisiis nouiter impressum pro Bern. Aubri.

2) *Titre* : Confessionale s. Thome de Aquino.

3) *Titre* : Aureum de peccatis criminalibus.

4) *Titre* : Sacra preclarissima eloquia dictaque aurea diui Hieronymi per dnum Petrum Costade presbyterum ecclesie cathedralis Rinensis. — *A la fin* : Impressa Parisiis anno MDXVII decimo tertio kal. nouembris.

In-12, car. goth., 112 ff. chiffrés, marque typ. de P. Gaudoul, rel. ancienne.

Fr. Minor. Recollect.

**217.** E 480. **Laziardus (Joannes).** — Epitome historiae universalis. — *Paris*, s. d. (1520 ?).

*Sans titre* : *au fol. Aa* 2 : Nobili et egregio uiro mag. Nicolao de Besze, archidiacono Stampensi in ecclesia Senonensi, Edmundus Le Feuvre S...

In-fol., car. romains, 204 ff. chiffrés + 8 ff. pour la table, rel. ancienne, marque typ. d'Hemon Lefeuvre.

Fr. Augustin. Aurel.

**218.** E 3110. **Le livre des statuts et ordonnances de l'ordre sainct Michel.** — S. l. ni d. (*Paris*, vers **1550**).

Vélin in-4°, 39 ff. et un blanc, 29 lignes, signat. A-K3, reliure aux armes de France avec le chiffre de Henri II.

Ex dono D. de Vaslin. — A Mons. du Lude. 1695.

**219.** E 1763. **Le Maire (Jean).** — Illustrations de Gaule. — *Lyon* et *Paris*, **1509-1513.**

1) *Titre* : Les illustrations de | gaule et singularitez de Troye | avec les deux epistres de lamant uert | composees par Ian le maire de Belges. — *A la fin* : Imprime a Lyon par estienne Baland | imprimeur de ladicte cite demourant ou lieu | dict Paradis entre la grande rue du pont de | Rhosne et de Nostre dame de confort | et se uendent oudict lieu et chez maistre Iehan Richier de Paris | rhetoriciien (*sic*) en la grande rue de S. Iehan | pres de Porte Froc deuant le Faulcon et | en rue Merciere pres du maillet dargent.

In-4°, car. gothiques, signat. aa-cc2, A-K4, a-b4, figures en bois, marque typ. d'E. Baland, privilège de 1509.

2) *Titre* : Le second livre des illustrations. — *A la fin* : Imprime a Paris ou moys de aoust l'an mil CCCCC et XII.

52 ff. chiffrés, marque G. de Marnef, privilège de 1512.

3) *Titre* : Le tiers livre. — *Au v°*, une gravure avec cette devise : « Diue Junoni Armonice sacrum. » — *A la fin* : Imprime a Paris ou moys de iuillet l'an M cinq centz et treze pour Geoffroy de Marnef.

56 ff. chiffrés, marque typ. de G. de Marnef.

4) *Titre* : Le traictie Intitule de la difference des scismes et des concilles de leglise et de la preeminence et utilite des concilles de la ste eglise gallicane, etc. — *A la fin* : Imprime a Lyon ou moys de may lan Mil C° et XI pour maistre Ian Lemaire iudiciaire et historiographe expensis propriis par Estienne Baland.

Avec les signat. a-k4 .

5) *Titre* : La légende des Vénitiens.... Privilège de 1509.

Signat. a-a-dd4, marque typ. de G. de Marnef.

**220.** A 636. **Leroy (François).** — Le livre de la Femme forte. — *Paris*, 1501.

*Titre* : Le livre de la femme forte et vertueuse.... composé par ung religieux de la réformation de lordre de Fonteurault imprimé pour Symon Vostre. — *A la fin* : ... le 27 aoust 1501.

In-8°, car. gothiques, 30 lignes, signat. a-z, marques typ. de S. Vostre et de Ch. Pigouchet.

Fr. Minor. Recollector. Aurel.

**221.** Ms. 433 *bis*. **Leroy (François).** — Epistola virginibus S. Mariae Magdalenae Aureliae. — *Datée de Paris*, 1511.

*Titre* : Le mirouer de penitence... fait et compose nouuellement en lan mil cinq cens et VII, par celuy qui autreffoys a compille en francoys le livre de la femme forte... — *Au fol.* 2 : Dicatissimis Iesu uirginibus in deuotissimo diue Magdalenes cenobio prope Aureliam... fr. Franciscus Regius ebroicensis ordinis reformati fontisebraldensis... — *A la fin* : Ex cenobio deuotissimarum uirginum filiarium dei parisien. pridie Kalendas martias, anno dni quingentesimo undecimo supra millesimum. Deo gratias.

In-8°, car. gothiques, 9 ff. sans ch., récl. ni signat. ; après le titre, marque typ. de Simon Vostre et au v° gravure représentant les âmes pénitentes.

**222.** C 3167. **Leupoldus dux Austriae.** — De astrorum scientia. — *Venise*, 1520.

*Titre* : Compilatio Leupoldi ducatus Austrie filii de astrorum scientia. — *A la fin* : Venetiis per Melchiorem Sessam et Petrum de Ravanis socios anno MDXX.

In-4°, car. gothiques, 185 ff. chiffrés à la main, fig. en bois, marque typ. de M. Sessa, rel. ancienne.

Capucin. Aurel.

**223.** D 3089. **Libanius.** — Epistolae. — *Cracovie*, 1504.

*Titre* : Libanii greci declamatoris disertissimi beati Ioannis Crysostomi preceptoris epistole : cum adiectis Iohannis Sommerfelt argumentis et emendatione et castigatione clarissimis. — *A la fin* :

Currite uos iuuenes doctum legitote poetam :
Conueniunt sacris nomina uestra deis :
Currite nen (*sic*) sterili sine semine dona iuuentus.
Transeat : aut rapiat funeris atra dies.

In-4°, car. romains, 154 ff. non chiffrés, rel. ancienne. La fin de la dédicace : « Cracouie decimo kl. apriles anno dnice incarnationis I 50 4 (*sic*) » ; la fin de l'épître ad Lectorem.... « liberali autem impenso dni Ioanis Clymes ciuis Cracouini probe impressas. »

N. Mallarius Rhotomagens. 1519. — Ex biblioth. G. Prousteau.

**224.** C 2498. **Lortie (Jehan de).** — Traité d'arithmétique et de géométrie. — *Lyon*, 1515.

*Titre* : Oeuure tres subtille et profitable de lart et science de aristmeticque et geometrie translate nouuellement despaignol en francoys (de frère Jehan de Lortie de lordre sainct Dominicque). — *A la fin* : Imprime a Lyon par maistre Estienne Baland lan mil. cincq cens et quinze le XXIII iour doctobre.

In-4°, car. gothiques, 4 ff. prélim. et CLXVI ff. chiffrés, rel. ancienne.

**225.** E 3914. **Loy (la) salicque.** — *Paris, s. d.*

*Titre* : La loy salicque premiere loy des Franczois faicte par le roy pharamon premier roy de france faisant mencion de plusieurs droiz cronicques et histoires desditz roys de france. — *A la fin* : Imprime a Paris par Maistre thomas du Guernier imprimeur demourant a paris en la rue de la harpe a lenseigne du cheual blanc.

In-4°, car. gothiques, 44 ff., signat. a-i 3, 30 lignes, après le titre, qui est en rouge, marque typ. S. Grégoire tenant le Christ en croix.

**226.** D 1190. **Lucain.** — Pharsalia. — *Paris*, 1506.

*Titre* : M. Annei Lucani Cordubensis Pharsalia cum explanationibus Sulpitii Verulani et Iodoci Badii Ascensii. — *A la fin* : In aedibus Ascensianis anno dni M. D. VI in uigilia natalis dni.

In-fol., car. romains, 262 ff. chiffrés, marque typ. de J. Petit.

Capucinis ex dono D. Destas.

**227.** D 1191. **Lucain.** — Même ouvrage. — *Paris*, 1514.

*Titre* : M. Annei Lucani Cordubensis Pharsalia per Georgium Versellanum recognita. — *A la fin* : In aedibus Ascensianis anno domini M D XIIII in vigilia ascensionis.

In-fol., car. romains, 267 ff. chiffrés.

Collegii Aurel. societ. Jesu ex dono P. Fougeu.

**228.** D 996. **Lucrèce.** — Opera cum commentario J. B. Pii. — *Paris*, 1514.

*Titre* : In Carum Lucretium poetam commentarii a Ioanne Baptista Pio editi. — *A la fin* : In chalcographia Ascensiana ad idus. IIII. augusti. M. D. XIIII.

In-fol., car. romains, 184 ff. chiffrés + 10 ff. prélimin. et 6 ff. après la souscription, rel. ancienne. Au verso du titre, épître de l'Orléanais Nicolas Bérauld, professeur de grec à l'Université de Paris et historiographe du Roi, dédiant cette édition de Lucrèce à son ami François Deloynes, aussi Orléanais et chancelier du Roi.

Societ. Jesu Aurel.

**229.** A 406. **Ludolphus de Saxonia.** — Vita Jesu Christi. — *Paris*, 1509.

*Titre* : Vita J. C. per Ludolphum de Saxonia. Joachim laudes in uariis carminum generibus. — *A la fin* : Parisiis impressa a B. Remboldt anno dni M D VIIII ad idus augusti.

In-fol., car. gothiques, 2 col., 264 ff. chiffrés, front., au verso du titre, le Christ en croix ; à la fin, le Père éternel et ces vers :

O pater omnipotens, qui uerbo cuncta creasti,
Orat Bertholdus des sibi regna poli.

**230-231.** E 1725, E 1815. **Luitprand.** — Res gestae per Europam. — *Paris*, 1514.

*Titre* : Luitprandi Ticinensis ecclesie leuite rerum gestarum per Europam ipsius presertim temporibus libri sex. — *A la fin* : Hec autem impressa sunt accuratione Ascensiana ad idus septembris anno M D XIIII.

In-fol., car. romains, 42 ff. chiffrés + 4 ff. pour le titre et la table, front., marque typ. de J. Petit, rel. ancienne.

Dumesnil.

**232.** A 2383. **Maidstone (Richard) où Jean de Werden.** — Dormi secure. — *Paris*, 1514.

*Titre* : Sermones dormi secure dominicales. — *A la fin* : Impressi Parisius anno domini M CCCCC XIIII. die uero uigesima octaua mensis decembris.

In-8°, car. gothiques, 2 col., 71 sermons pour la 1re partie avec les signat. a-92, 70 pour la seconde *de sanctis*, avec signat. A-T4, marque typ. de J. Petit.

**233.** E 229. **Madrignano (Archangelo).** — Itinerarium Portugallensium. — *Milan*, 1508.

*Titre* : Itinerarium Portugallensium e Lusitania in Indiam et inde in occidentem et demum ad aquilonem. — *A la fin* : Operi suprema manus imposita est kalendis quintilibus ludovico galliarum rege huius urbis inclite (Mediolani) sceptra regente... anno nostrae salutis. M. D. VIII.

In-fol., car. romains, 10 ff. non chiffrés et 88 ff. chiffrés, le dernier porte par erreur LXXVIII, 36 lignes.

Fr. Minor. Recollect. Aurel.

**234.** A 2386. **Maillard (Olivier).** — Sermones. — *Paris*, 1511, 1512, 1513.

1) *Titre* : Diuini eloquii preconis celeberrimi fratris Oliveri Maillardi sermones de aduentu declamati Parisius in ecclesia sancti iohannis in grauía. — *A la fin* : ... impensis Iohannis Petit 1511 die vicesimo et secundo decembris.

2) *Titre* : Opus quadragesimale. — *A la fin* : Impressum opera Iohannis Barbier impensis vero Ioannis Petit anno M D XII, 6 kal. febr.

3) *Titre* : Alia sermonum quadragesimalium recollectio. — *A la fin* : ... anno M D XIII.

In-8°, car. gothiques, 2 col., 116, 174 et 104 ff., marque typ. de J. Petit, rel. ancienne.

Conventus Recollectorum (Castriduni *ce mot est biffé*) Aurel. Fr. Symon Marie Castrodun.

**235.** D 3038. **Margarita facetiarum.** — *Strasbourg*, 1509.

*Titre* : Margarita facetiarum Alfonsi Aragonum regis vafre dicta : prouerbia Sigismundi et Friderici tertii Ro. imperatoris ; tropi sive sales Ioannis Keisersberg concionatoris Argentinensis ; Marsilii Ficini de sole opusculum ; Hermoli Barbari orationes ; facetie adelphine.

In-4°, car. romains, signat. A-N2. Le dernier ouvrage et la souscription manquent ; mais au fol. D4 se trouve une lettre datée de 1509.

Liber inclytae nationis Germanicae.

**236.** D 1215. **Martial.** — Opera. — *Venise*, 1501.

*A la fin* : Venetiis in aedibus Aldi mense decembri M.D.I.

In-8°, car. romains, 192 ff. non chiffrés, dont le dernier est blanc sous l'ancre Aldine.

Fr. Minor. Recollector.

**237.** C 2876. **Martinus (Joannes).** — Arithmetica. — *Paris*, 1519.

*Titre* : Arithmetica Ioannis Martini nuper ab Orontio Fine castigata. — *A la fin* : Parisiis anno 1519.

In-fol., car. romains, 64 ff. chiffrés, rel. ancienne.

Seminar. Aurel. ex dono C. Meusnier.

**238.** A 2831. **Martinus de Lauduno.** — Epistola exhortatoria. — *Paris*, 1507.

*Titre* : Epistola exhortatoria ad quemdam nouitium ordinis Carthusiensis per Martinum de Lauduno. — *A la fin* : Ex aedibus Ascensianis ad idus martias MDVII calculo romano.

In-4°, car. gothiques, 52 ff. chiffrés.

Sancti Maxim. Aurel.

**239.** E 468. **Mer (La) des histoires.** — *Lyon*, 1506.

*Sans titre; à la fin* : Cy finist le second et dernier uolume de la mer des hystoires augmente de plusieurs belles hystoires et principallement depuis la mort du roy Loys XIe iusques ou temps du roy Loys XIIe. Imprime a Lyon sur le rosne par Claude dauost als de Troye pour maistre iehan dyamantier marchant libraire... l'an de grace mil cinq cens et six le XIIIIIe iour de nouembre.

In-fol., 2 tom. en un vol., car. gothiques, 2 col., fig., 210 et 188 ff. chiffrés plus le Martyrologe avec les signat. AAA-DDD et la table en 5 ff. Notes mss. sur l'histoire d'Orléans (1628-1650).

Floriac. monast. 1702.

**240.** C 1811. **Mesve textus.** — *Venise*, 1505.

*Titre* : Textus Mesue nouiter emendatus. — *A la fin* : Petri Apponi medici clarissimi in librum Mesue addictio feliciter finit. Impressum Venetiis per Iacobum Pentium de Leuco. anno a natiuitate M.CCCCC.V. die 17 kal. augusti.

In-8°, car. gothiques, 33 lignes, signat. a-S, rel. ancienne. Les feuillets de garde contiennent des fragments en prose du roman de Celydoines.

Fr. Minor. Recollector.

**241.** C 116. **Meygret (Amadaeus).** — In libros Aristotelis de coelo et mundo et de generatione. — *Paris*, **1514** et **1519**.

1) *Titre* : Questiones fr. Amadei Meygreti Lugdunensis in libros de coelo et mundo Aristotelis. — *A la fin* : ... octauo et decimo kal. decembris 1514 finis.

In-fol., car. gothiques, 66 ff. chiffrés, 2 col., marque typ. de J. Petit.

2) *Titre* : Questiones fr. Amadei Meygreti in libros de generatione et corruptione Aristotelis. — *A la fin* : Anno dni 1519 finis.

Car. gothiques, 2 col., 56 ff. chiffrés ; au front. marque typ. de J. Petit et ces mots : « Venumdatur a Iohanne de Prato in vico olearum sub intersignio S. Sebastiani prope collegium Cluniacense. »

Fr. Gabriel Thoynard hunc concessit librum fratri Jocimo Maillet, amico suo, anno 1556. — Ex libris ff. Prædicator. Aurel.

**242.** C 3187. **Mirabilis liber.** — S. l. n. d.

*Titre* : Mirabilis liber qui prophetias Reuelacionesque necnon res mirandas preteritas presentes et futuras aperte demonstrat... — *A la fin* : On les vent au roy dauid en la rue sainct iacques.

In-8°, car. gothiques, 2 col., 36 lignes, CX ff. chiffrés pour la 1re partie et XXVIII ff. en françàis à 32 lignes.

Fr. Minor. Recollector.

**243.** A 1126. **Missale Aurelianense.** — *Paris*, 1519.

*Titre* : Missale ad usum et consuetudinem ecclesie Aurelianensis in alma Parisiorum academia impressum. Venale habetur in vico scriptorum apud petrum mercatoris. — *A la fin* : ... et ipsa est que purgat peccata et facit inuenire uitam eter. (Inachevé).

Vélin, in-fol., car. gothiques, 2 col., 42 lignes, 8 ff. pour le titre, la table, le calendrier et les roses de la lettre dominicale et du nombre d'or (à la 8e antépénultième ligne se trouve la date de ce missel) avec les signat. Or-IIII, 168 ff. jusqu'au propre des saints, signat. a-x5, le propre des saints A-G4 et le commun A (*rouge*) — E comprennent 35 ff. Du fol. 90 à 101, le volume n'est pas folioté ; fig. en couleur, init., bordures ; après le titre, vignette représentant le sommeil de Constantin, 330 millim. sur 230.

**244.** A 1047. **Missale romanum.** — *Venise*, 1509.

*A la fin* : Iussu et impensis nobilis uiri Lucantonii de Giunta florentini, anno a nat. dni M.CCCCC.IX.XI calendas februarii in alma Venetiarum urbe impressum.

In-4°, car. gothiques, 2 col., 36 lignes, 264 ff. ; du fol. 113 à 121 les pages qui manquent ont été remplacées par 11 ff. écrits à la main ; à la fin on a ajouté 9 ff. de parchemin contenant 18 proses pour les fêtes de l'année, vignettes, marque typ. de Lucas Antonius, rel. ancienne.

Fr. Minor. Recollector.

**245.** E 1049. **Natalibus (Petrus de).** — Catalogus sanctorum. — *Lyon*, 1514.

*Titre* : Catalogus sanctorum et gestorum eorum ex diuersis uoluminibus collectus edictus a Petro de natalibus de Venetiis. — *A la fin* : Lugduni impressum per Iohannem Thomas impensis honesti uiri Stephani Gueynard als Pineti eiusdem ciuitatis ciuis et bibliopole, anno a nativ. domini millesimo quingentesimo decimo quarto, quinto kal. febr.

In-4°, car. gothiques, 2 col., 313 ff. chiffrés.

Fr. Minor. Recollector.

**246.** B 123. **Natta (Georgius).** — Repetitio solemnis. — *Pavie*, 1511.

*Titre* : Repetitio solemnis clemen. sepe. de uerbo. signi. composita per georgium Nattam ciuem Astensem. — *A la fin* : Impressum Papie per mag. Bernardinum de Garaldis anno dni MCCCCCXI, die XXIIII martii.

In-fol., car. gothiques, 45 ff. chiffrés, 2 col. aussi chiffrées, avant le titre marque typ. aux initiales I. G. S.

Nec sine te felix ero nec tecum miser unquam.

Ex bibl. Guill. Prousteau.

**247.** B 123. **Nevizanis (Joannes de).** — Silva nuptialis. — *Asti*, 1518.

*Titre* : Clarissimi iurisconsulti d. Io. de Neuizanis ciuis Astensis silua nuptialis... una cum remediis ad sedandum factiones de Guelfis et Giebellinis. — *A la fin* : Impressit in amena ciuitate Astensi Franciscus de Silua. M.CCCCC.XVIII in octaua parasceue.

In-fol., car. gothiques, 2 col., 26 ff. chiffrés, marque typ. de Fr. de Silva.

Da spacium vite, multos da, iupiter, annos.

A la Boussière et ses amys.

**248.** B 123. **Nicolaus Siculus.** — Glosae clementinae. — *Milan*, 1503.

*Titre* : Glosae clement. cum quibusdam allegationibus occurrentibus nota digne per. d. Abba. siculum in utroque iure monarcham compilat. — *A la fin* : Expliciunt glo. cle. collecte per dnum Nicolaum siculum monacensem abbatem... ad impensas magistri Iohannis Iacobi et fratribus suis de Legnano. Impressum Mediolani per mag. Leonardum Pachel. anno dni M.CCCCC.III die XXVII februarii.

In-fol., car. gothiques, 2 col., 24 ff. non chiffrés, avant le titre marque typ. M. Ioannes de Legnano.

**249.** A 761 *bis*. **Nonnus.** — Commentaire sur l'évangile de S. Jean. — S. l. ni d. (*Venise*, 1501).

*Titre au fol.* ααα : ΝΟΝΝΟΥ ΠΟΙΗΤΟΥ ΠΑΝΟΠΟΛΙΤΟΥ | μεταβολη τοΥ κατα Ιωαννην αγιου ευαγγελιου. — *A la fin* :

Ελπομαι αγλαομορφον ατερμονα κοσμον αειραι.

τελος.

In-8°, front. fait à la main, sans pièces prélimin. et sans inscription, 51 ff. avec les signat. ααα — ηηη (renversés) plus un blanc qui porte écrit à la main « De sacramento quedam... » Au verso du dernier fol., épigramme grecque en six vers de Σκιπιωνος καρτερομαχου.

**250.** A 1229. **Officium ordinis Fontisebraudunl.** — *Paris*, s. d. (1486-1520).

*Titre* : Officium diurnum iuxta ritum et consuetudinem sacrarum uirginum sub clausura degentium ordinis Fontisebraudeni. — *A la fin* : Impressum Parisius opera ac arte Nicolai Hygman impressoris, impensis vero honesti viri Symonis Vostre bibliopole commorantis in vico nouo diue uirginis Marie sub intersignio sancti ioannis euangeliste.

In-8°, car. gothiques, rubriques en rouge, 346 ff. chiffrés, gravures, marque typ. de S. Vostre, rel. ancienne.

S. Evurtii Aurel. 1722.

**281.** E 2916. **Olaus Magnus.** — Historia de gentibus septentrionalibus. — *Rome*, 1555.

In-fol., reliure Grolier.

Ex. bibl. ptocotropii Aurel. 1685.

**282.** A 2109. **Onus ecclesiae.** — *Landshut* (*Bavière*), 1524.

*A la fin* : Opus compilatum est anno 1519 sed in lucem editum typisque D. Ioannis Weyssenburger Landshute excusum anno dni 1524.

In-fol., car. gothiques, 50 lignes, 71 ff., gravure après le titre.

Ex. bibl. Guill. Prousteau.

**283.** D 684. **Oratores graeci.** — *Venise*, 1513.

*Titre* : Orationes horum rhetorum : Aeschinis, Lysiae, Alcidamantis, Antisthenis, Demadis, Andocidis, Isaei, Dinarchi, Antiphontis, Lycurgi, Gorgiae, Lesbonactis, Herodis, item Aeschinis et Lysiae vitae (graece). — *A la fin* : Venetiis apud Aldum et Andream socerum mense aprili. M.D.XIII.

In-fol., en deux parties. La 1re contient 2 ff. non chiffrés, le texte de la page 3 à 197 plus un blanc sans souscription, après le fol. 14 un blanc avec cette note « Hoc folium... — ... nihil enim deest. » *Alcidamas* se trouve à la page 177 ; cette édition porte la *Harangue d'Ulysse contre Palamède* ; la page 154 est cotée 164, et la page 118 a 98. — La seconde partie renferme 163 pages, la dernière étant paginée 162 par erreur, la 100e porte 109, et la 109e est paginée 100. — La 3e partie manque.

Les feuillets de garde sont couverts de notes écrites de la main de H. de Valois, à qui ce volume a appartenu. — Guill. Prousteau.

**284.** A 1130. **Ordinationes synodales diocesis Aurelianensis.** — *Paris*, 1525.

*Titre* : Ordinationes synodales ciuitatis et diocesis Aurelianensis a reuerendissimo in Christo patre ac dno domino Ioanne dorleans Tolosano archiepiscopo et episcopo Aurelianensi nuper congeste edite et publicate Aurelie anno dni millesimo quingentesimo uigesimo quinto die mercurii post festum pentecostes in sua generali synodo. — *A la fin* : Parisiis in aedibus Claudii Cheuallon anno domini MDXXV. mense maio.

In-8°, car. gothiques, 48 ff., après le titre marque typ. de B. Remboldt.

**285.** B 1482. **Ordonnances royaulx.** — *Paris*, 1510.

1) *Titre* : Les ordonnances royaulx des feuz roys Charles VII et VIII de ce

nom avec celles du roy Loys XII auquel dieu doint bone vie et plusieurs autres ordonances faictes puis nagueres tant pour les universitez que pour les monnoys orfeures geolliers et autres avec le texte de la pragmatique sanxion, les ordonnances des generaulx et repertoire en chacune dicelles et ordonnances pour plus facillement trouuer les matieres. Et avec ce les stilles de Parlement et de chastellet. Nouuellement imprimees a Paris pour Guillaume eustace demourant en la rue de la Juyfrie a lenseigne des deux sagittaires et au palays au troisiesme pillier. — *A la fin* : Finit textus pragmatice sanctionis impressus Parisius in vico Jude sumptibus et expensis Guillermi Eustace anno domini. 1510. IIII kal. maii.

In-8°, car. gothiques, signat. a—e3, aa—rr4 et 22 ff. chiffrés pour la Pragmatique, marque typ. de G. Eustace.

2) *Titre* : Ordonnances sur les admortissemens des heritaiges nobles et roturiers a gens deglise.

Car. gothiques, signat. A—C4, grande marque typ. de G. Eustace.

3) *Titre* : Ordonnances royaulx sur le faict des rachatz des rentes de la ville et fauxbourgs de Paris.

Car. gothiques, signat. a—b4 et 2 marques typ. de G. Eustace.

4) *Titre* : Sommaire des ordonnances faictes à Lyon au moys de juing lan mil cinq cens et dix.

Car. gothiques, 4 ff.

5) *Titre* : Les ordonnances royaulx du chatellet de Paris avec les ordonnances des massons et les ordonnances du guet.

Car. gothiques, signat. a—e2.
Boni Nuntii Aurel.

**236.** A 1457. **Origène.** — Homiliae in libros historiales. — *Venise*, 1503.

*Titre* : Quae hoc in libro continentur Origenis in genesim homiliae XVI... — ... eiusdem in librum Iudicum homiliae VIII divo Hieronymo interprete. — *A la fin* : Ven. in aedibus Aldi Ro. mense feb. M. D. III.

In-fol., car. romains, 2 col., 182 ff. chiffrés + 6 prélim. non chiffrés.
Oratorii Aurel.

**237.** E 1382. **Orose (Paul).** — Historiae. — *Paris*, 1506.

*Titre* : Pauli Orosii historiographi clarissimi opus prestantissimum. — *A la fin* : Impressum Parhisiis in Bellovisu pro Ioh. Petit. anno MCCCCCVI die 21 mensis ianuar.

In-4°, car. romains, 123 ff. chiffrés + 18 ff. pour le titre et la table, rel. ancienne.
Liber inclytae nationis Germanicae.

**238.** D 1138. **Ovide.** — Fastorum libri cum commentariis. — *Milan*, 1510.

1) *Titre*: P. Ovidii Nasonis Fastorum libri ornati commentatoribus Antonio Constantino Fanensi, Paulo Mario. — *A la fin* : Impressum Mediolani per magistrum Leonardum Pachel anno dni M CCCCCX die XVII febr.

In-fol., car. romains, 199 ff. chiffrés + 12 ff. non chiffrés, front. avec trois fig. : Ovide, le commentateur Constantin de Fano et l'éditeur Paul Mario, au devant de la table sur laquelle écrit ce dernier, marque typ. Iohannes de Legnano.

De Ponto. — *Milan*, 1512.

2) *Titre* : P. O. Nasonis libri de Ponto cum commentariis Barth. Merulae. — *A la fin* : Impressit Mediolani magister Ludovicus de Bebulco. anno dni M. D. XII. die III decembris.

In-fol., car. romains, 75 ff. chiffrés, après le titre marque typ. Nicolaus Gorzon Zola, à la fin marque typ. de L. de Bebulco, rel. ancienne.

Boni Nuntii Aurel.

**259.** D 1163. **Ovide.** — De Ponto. — *Paris*, s. d. (1498-1508).

*Titre* : P. Ovidii Nasonis de Ponto nouiter impressi. — *A la fin*: Impressum Parisius per Rob. Gourmont.

In-4o, car. romains, signat. a—o, marque typ. de R. Gourmont.

Fr. Minor. Recollector.

**260.** D 1154. **Ovide.** — Le metamorphosi. — S. l. (*Venise*), 1537.

*Titre*: Di Ouidio Le Metamorphosi cioe trasmutationi tradotte del latino diligentemente in volgar verso con le sue allegorie significationi e dechiarationi delle Pavole in prosa. — *A la fin* : Qui finisce lo Ovidio Metamorphoseos composto per Nicolo di Agustini stampato per Nicolo di Aristotile detto Zoppino correnti gli anni del signore M. D. XXXVII, dil mense di Marzo.

In-4°, 168 ff. avec 73 planches. rel. Grolier. Cf. Bulletin du bibliophile, p. 24, n° 62, 1889.

Ex bibl. Guil. Prousteau.

**261.** A 1002. **Parentinis ou Pientinis (Bernardus de).** — Lilium missae. — *Paris*, 1510.

*Titre* : Lilium misse in quo omnes difficultates officii misse sacrique canones secundum S. Thomam enodantur per fr. Bernardum de Parentinis. — *A la fin* : Parisiis per Ph. Pigouchet pro I. Paruo anno 1510. sole uero decembris claudente uicesimam.

In-8°, car. gothiques, 149 ff. chiffrés et 6 non chiffrés pour le titre et la table, marques typ. de J. Petit et de Ph. Pigouchet.

Fr. Praedicat Aurel.

**262.** C 561. **Patricius (Franciscus).** — De institutione reipublicae. — *Paris*, 1518.

*Titre :* Francisci Patricii Senensis pontificis caietani de institutione reipublice libri nouem historiarum sententiarumque uarietate referti hactenus numquam impressi cum Ioannis Sauignei annotationibus margineis. — *A la fin* : Parrhisiis impressum opera Petri Vidoue impensis vero Galioti a Prato ad decimum kalendas decembris anno a partu uirgineo millesimo quingentesimo decimo octauo.

In-fol., car. romains, 141 ff. chiffrés + 20 ff. non chiffrés, marque typ. de Galliot du Pré, rel. ancienne.

Fr. Nicolaus Culmarius me habet, ex dono mag. Pascasii Boulieri, canonici Gergolii et administratoris perpetui arae seu hospitii Dei, anno dni 1573. — Carmelit. Aurel. antiq.

**263.** C 561 *bis*. **Patricius (Franciscus).** — Même ouvrage. — *Paris*, **1519.**

*A la fin* : Parrhisiis impressum opera Petri Vidoue impensis uero Galioti a Prato... sexto decimo calendas maias anni dni millesimi quingentesimi undeuicesimi ad romanum calculum.

In-fol., car. romains, 453 pages chiffrées + 26 ff. prélimin., rel. ancienne.

Floriacensis monasterii.

**264.** B 905. **Paulus de Castro.** — Super digestum. — *Lyon*, **1511.**

*Titre* : Pauli de Castro lectura super prima et secunda parte digesti noui cum additionibus Francisci Curtii. — *A la fin* : Impressum Lugduni per mag. Iacobum Saccon anno domini M CCCCC XI vicesimo die augusti.

In-fol., car. gothiques, 2 col., 190 ff. chiffrés.

Liber inclytae nationis Germanicae.

**265.** B 906. **Paulus de Castro.** — Super infortiatum. — *Lyon*, **1515.**

*Titre* : Pauli de Castro lectura super prima et secunda parte infortiati cum additionibus Francisci Curtii. — *A la fin* : Impressum Lugduni per Iac. Saccon anno MDXV.

In-fol., car. gothiques, 2 col., 230 ff. chiffrés, rel. ancienne.

Liber inclytae nationis Germanicae.

**266.** E 1815. **Paulus diaconus (Warnefridus).** — De gestis regum Langobardorum. — *Paris*, **1514.**

*Titre* : Pauli diaconi ecclesie Aquilegiensis historiographi percelebris de origine et gestis regum Langobardorum libri sex. — *A la fin* : Impressa est opera Ascensiana finemque optatum cepit in uigilia diui Laurentii anno salutis humanae M D XIIII Deo gratiae.

In-fol., car. romains, 38 ff. chiffrés + 4 ff. pour le titre et l'index, marque typ. de J. Petit, rel. ancienne.

Fr. Minor. Recollect. — Fr. Georgius Lepeletier.

**267.** E 1419. **Pausanias.** — Descriptio Graeciae. — *Venise*, **1516.**

*Titre* : ΠΑΥΣΑΝΙΑΣ. — *A la fin* : Venetiis in aedibus Aldi et Andreae soceri mense Iulio. M. D. XVI.

In-fol., 282 pages chiffrées + 2 ff. prélim. et un fol. à la fin pour la souscription et l'ancre, notes mss. de Valois.

Ex bibl. Guill. Prousteau.

**268.** A 528. **Perez de Valentia (Fr. Jacobus).** — Psalmorum interpretatio. — *Lyon*, 1517.

*Titre* : CL psalmi dauidici cum totius prophetici sermonis applicatione ad christianam fidem opera Iacobi Perez de Valentia. — *A la fin* : Lugduni in officina I. Cambray anno M D XVII. 25 maii.

In-4°, car. gothiques, 2 col., 492 ff. chiffrés, front.

Fr. Minor. Recollect.

**269.** C 762. **Peronneus (Claudius).** — Compendium philosophiae. — *Paris*, 1520.

*Titre* : Compendium philosophiae naturalis de elementis et omnium rerum naturae principiis a mag. Cl. Peronneo Viennensi primum Parisius editum. — *A la fin* : Exactum est apud Luthesiam in nostro litterarum emporio Italorum anno a uirgineo partu MD supra uicesimum, pridie kal. nouembris sumptibus Damiani Hichman.

In-4°, car. romains, 70 ff. chiffrés + 2 non chiffrés pour le titre et la table, marque typ. de D. Hichman, rel. ancienne.

Boni Nuntii Aurel.

**270.** D 308. **Perottus (Nicolaus).** — Varron, Festus, Marcellus, Cornucopia. — *Venise*, 1513.

*Titre* : In hoc uolumine habentur haec : Cornucopiae siue linguae latinae commentarii... T. Varronis de lingua latina libri tres, Pompeii Festi fragmenta et Nonii Marcelli compendia. — *A la fin, col.* 1054 : Venetiis in aedibus Aldi et Andreae soceri M.D.XIII. mense septembri ; et *col.* 1436 : Venetiis... mense nouembri.

In-fol., car. romains, 1436 colonnes.

Boni Nuntii Aurel.

**271.** D 1216. **Perottus (Nicolaus).** — Mêmes ouvrages. — *Paris*, 1514.

*A la fin* : Parisiis rursum impressum in sole aureo per mag. Bertholdum Rembolt anno MDXIIII.

In-fol., car. romains, 241 ff. chiffrés et signat. aa-ff pour la table

Clericor. regular. Montisarg.

**272.** D 1163. **Perse.** — Satyrae. — *Paris*, 1512.

*Titre* : Pauli Persii familiaris explanatio cum Iohannis Britannici interpretatione. — *A la fin* : Parisiis impressum per Ant. Bonnemere anno M D XII. pridie Kal. nouembris.

In-4°, car. gothiques, 79 ff. chiffrés, rel. ancienne.

Fr. Minor. Recollect.

**273.** D 2846. **Pétrarque.** — Opera latina. — *Venise*, 1501.

1) *Titre :* Librorum Francisci Petrarche impressorum annotatio. — *A la fin* : Explicit liber augustalis Beneuenuti de Rambaldis cum pluribus aliis opusculis Fr. Petrarche impressis Venetiis impensis dni Andree Torresani de Asula per Simonem de Luere anno... M CCCCC I. die XXVII martii feliciter.

2) *Titre* : Annotatio nonnullorum librorum seu epistolarum Fr. Petrarche. — *A la fin, ut supra* : ... M CCCCC I. die XVII iunii.

In-fol., 2 parties, car. gothiques, 2 col., 491 ff. chiffrés à la main.

Hoc volumen est P. Roujoux, canonici Rhemensis et succentoris Aurelian. 1740. — Séminaire d'Orléans.

**274.** B 123. **Petrus de Ancharano.** — Consilia. — *Trino*, 1518.

*Titre* : Consilia do. Petri de Ancharano nouiter impressa. — *A la fin* : Impressum in opido Tridini per dnum Ioannem Iolitum als de Ferrariis anno dni M CCCCC XVIII. die XVI augusti.

In-fol., car. gothiques, 2 col., 198 ff. chiffrés.

Ex bibl. Guill. Prousteau.

**275.** B 202. **Petrus Berthorius.** — Morale reductorium. — *Bâle*, 1517.

*Titre* : Morale reductorium super totam bibliam fratris Petri Berthorii Pictauiensis. — *A la fin* : Basileae aere et impensis honesti uiri Ioannis Koberger bibliopolae ciuis Nurbergensis in officina libraria Adae Petri de Langendorff ciuis Basiliensis anno legis gratiae millesimo quingentesimo decimo septimo. mensis uero iunii die octauo.

In-fol., car. gothiques, 2 col., 195 ff. chiffrés, front., marque typ. d'A. Petri, rel. ancienne.

Oratorii Aurel.

**276.** C 106. **Petrus de Bruxellis.** — In Aristotelis logicam. — *Paris*, 1514.

*Titre* : Acutissime questiones in singulos Aristotelis logicales libros mag. Petri de Bruxellis. — *A la fin :* In aedibus Iohannis Barbier alme uniuersitatis Parrhis. librarii iurati impensis sumptibusque Ioh. Petit et Gaufredi de Marnef anno M CCCCC XIIII. XV Kal. mart.

In-fol., car gothiques, 2 col., 134 ff. chiffrés, marque typ. de G. de Marnef.

Fr. Minor. Recollect.

**277** E 552. **Petrus Comestor.** — Historia scolastica. — *Paris*, 1518.

*Titre* : Historia scolastica Petri Comestoris. — *A la fin* : Impressum Parisiis opera Fr. Regnault anno MDXVIII, die 19 nou.

In-4°, car. gothiques, 2 col., 208 ff. chiffrés, marque typ. de Fr. Regnault, rel. ancienne.

Ex libris Hugonis Burlat socii Sorbon. — Fr. Minor. Recollect.

**278.** D 3143. **Philelphus (Franciscus).** — Epistolae familiares. — *Venise*, 1502.

*Titre* : Francisci Philelphi epistolarum familiarium libri XXXVII. — *A la fin* : Venetiis ex aedibus Ioannis et Gregorii de Gregoriis, anno dni M.D.II. octauo Kal. octobris.

In fol., car. romains, 266 ff. chiffrés + 12 ff. prélimin.

Fr. Minor. Recollect.

**279.** D 3144. **Philelphus (Franciscus).** — Même ouvrage. — *Paris*, 1514.

*Titre* : Epistole Fr. Philelphi cum quibusdam orationibus divi Ambrosii Vignati Sabaudiae legati Alanique Aurige de bello gallico. — *A la fin* : Parisiis impressum opera Johannis Barbier, anno salutis MCCCCCXIIII pridie nonas septembris.

In-4°, car. romains, 228 ff. chiffrés, marques typ. de Fr. Regnault et de Jehan Barbier, rel. ancienne.

Capucinis Aureliae.

**280.** C 170. **Picus Mirandulae (Ioannes).** — Omnia opera. — S. l. (*Reggio*), 1506.

*Titre* : Ioannis Pici Mirandulae omnia opera. Vita per Ioannem Franciscum... filium conscripta. Heptaplus de opere sex dierum geneoseos (*sic*). Deprecatoria ad Deum elegiaco carmine. Apologia tredecim quaestionum. Tractatus de ente et uno cum obiectionibus quibusdam et recensionibus. Oratio quaedam elegantissima. Epistole plures (XLVII). Testimonia eius uitae et doctrinae. Disputationum aduersus astrologos libri duodecim. Caecilii Cypriani episcopi Carthaginensis de ligno crucis carmen. (*Ce dernier opuscule manque.*) — *A la fin* : Disputationes has... diligenter impressit dnus Ludouicus de Mazalis ciuis regiensis anno salutis M.D.VI. XX nouembris.

In-fol., car. romains, des blancs ont été laissés pour les mots hébreux, signat. A-&3, a-u3, le cahier a a été mis à la place du cahier A.

Johannis Roberti Aurelii 1590. — Car. Meusnier doct. Sorbon. — Seminar. Aurel.

**281.** C 171. **Picus Mirandulae (Joannes).** — Omnia opera. — *Venise*, 1519.

*Même titre que dans le nº précédent.* — *A la fin* : Impressum Venetiis per Gulielmum de Fontaneto de Monteferrato, anno domini M.D.XIX. die XXII martii.

In-fol., car. romains, signat. A-a-R, A-E, rel. ancienne.
Martinus Cailleau Carnot. — Laurentius Le Jumentier, Carnotensis diocesis, et cancellarius Aurelianensis 1637. — Ex libris sancti Evurtii 1656.

**282.** D 2015. **Plaute.** — Comoediae. — *Venise*, 1511.

*Titre* : M. Plauti linguae latinae principis comoediae XX. — *A la fin* : Impressum Venetiis per Lazarum Soardum die XIIII augusti M.DXI.

In-fol., car. romains, 228 ff. chiffrés + 89 ff. chiffrés, figures sur bois. A partir du fol. 83, erreur dans la pagination, CLXXXIII pour LXXXIII et ainsi de suite jusqu'à la fin ; marque typ. de L. Soard.

**283.** C 956. **Pline l'ancien.** — Naturalis historia. — *Paris*, 1511.

*Titre* : Caii Plynii Secundi Veronensis naturalis hystoriae libri XXXVII diligenti admodum labore peruigilique cura, nuper nec antea in alma Parrhisiorum academia emendatiores impressi atque recogniti. — *A la fin* : Quae omnia emunctis a Nicolao de pratis caracteribus Francisci Regnault ac Ioannis Frellon impendio in inclyta lutecie Parrhisiorum academia foeliciter sunt impressa anno ... M.D.XI. XIII KA. Ianuarias.

In-fol., car. romains, 258 ff. chiffrés et 20 non chiffrés, front., marque typ. de Fr. Regnault, rel. ancienne, après la souscription 8 vers de Nicol. Maillard.
Carmelus Aurel.

**284.** D 3110. **Pline le jeune, Suétone Tranquille, Iul. Obsequens.** — Epistolae, etc. — *Venise*, 1508.

*Titre* : C. Plinii Secundi Nouocomensis epistolarum libri decem in quibus multae habentur epistolae non ante impressae, etc. Eiusdem panegyricus Traiano imp. dictus. Eiusdem de viris illustribus in re militari et in administranda Rep. Suetonii Tranquilli de claris grammaticis et rhetorib. Iulii Obsequentis prodigiorum liber. — *A la fin :* Venetiis in aedib. Aldi et Andreae Asulani soceri, mense nouembri. M.D.VIII.

In-8º, car. romains, 12 ff. non chiffrés dont le dernier blanc, 525 pages chiffrées, avec l'ancre sur un feuillet blanc.

**285.** D 3116. **Pline le Jeune.** — Epistolae. — *Venise*, 1519.

*Titre* : C. Pli. Caecilii iunioris Nouocomensis Plinii Secundi Veronensis nepotis libri epistolarum nouem addito nunc et decimo cum panegyrico. i. oratione de laudibus Traiani imperatoris, una cum luculentissima Ioannis Mariae Catanei expositione his omnibus libris adiuncta. — *A la fin* : Venetiis per Ioannem Rubeum Vercellensem, anno dni M.CCCCC.XIX. die XV decembris.

In-fol., car. romains, 217 ff. chiffrés + 4 non chiffrés pour la table et le front.
Fr. Minor. Recollect. Aurel. 1643.

**286.** E 3696. **Plutarque.** — Vitae parallelae. — *Florence*, 1517.

*Titre* : Sapientissimi Plutarchi parallelum. Vitae romanorum et graecorum. Quadraginta nouem (graece). — *A la fin* : Florentiae in aedibus Phil. Iuntae M.D.XVII. die XXVII mensis augusti.

In-fol., 354 ff. chiffrés et un fol. pour la marque typ. F. G.

Liber inclytae nat. Germanicae 1584.

**287.** E 3697. **Plutarque.** — Même ouvrage. — *Venise*, 1519.

*Titre* : Plutarchi quae vocantur Parallela. Hoc est Vitae illustrium virorum graeci nominis ac latini prout quaeque alteri convenire videbatur digestae (graece). — *A la fin* : Venetiis in aedibus Aldi et Andreae soceri mense augusto. M.D.XIX.

In-fol., 345 ff. chiffrés + 4 ff. non chiffrés et un fol. avec la souscription et l'ancre.

Hic liber est J. Martyneti Aurelii 1635. — Fr. Minor. Recollect. Aurel. 1662.

**288.** E 1876. **Polybe, etc.** — De primo bello punico. — *Paris*, 1512.

*Titre* : Polybii historici de primo bello punico Leonardo Aretino interprete, Leonardi Aretini de temporibus suis; Plutarchi parallelia Guarino Verouense paráphraste. — *A la fin* : In aedibus Ascensianis III kal. februarii M.D.XII.

In-fol., car. romains, 40 ff. chiffrés, marque typ. de J. Petit.

**289-290.** B 463, B 465. **Pragmatique sanction.** — *Paris*, 1503.

*Titre* : Pracmatica sanctio una cum repertorio ingeniose secundum alphabeticum ordinem compilato ad glosarum materias facilius inueniendas. — *A la fin* : Finiunt decreta Basiliensia necnon Bituricensia que Pragmatica sanctio intitulantur : glosata subtiliter et profunde per mag. Cosmam guymier impressaque Parisius per Philippum pigouchet impensis Ioh. Parvi bibliopole anno dni MCCCCCIII die vero prima aprilis ante Pascha.

In-8°, car. gothiques, 295 ff. chiffrés, au commencement marque typ. de J. Petit, à la fin, marque typ. de Ph. Pigouchet.

**291.** B 468. **Pragmatique sanction.** — *Paris*, 1508.

*Titre* : La pragmatique sanction en françoys avec Guillermus Paraldi de la pluralite des benefices. — *A la fin* : Cy fine la pracmatique sanction et le tracte de Guillermus Paraldi nouuellement imprime a Paris par Gaspard Philippe le XII iour dauril mil cinq cens et huit pour Martin Alexandre et ses consors.

In-4°, car. gothiques, 88 ff. chiffrés + 46 ff., marque typ. de Martin Alexandre au milieu d'un encadrement.

Il appartient au grenetier d'Orléans Baucynet.

**292.** D 1237. **Prudentius, Prosper d'Aquitaine, J. Damascène.** — Opera. — *Venise*, 1501.

*Titre* : Prudentii poetae opera. Virtutum cum vitiis pugna... Canticum Theophanis in Annuntiationem. Quae omnia habent e regione latinam interpretatatinem (*sic*). — Après le texte de Prudence : Venetiis apud Aldum mense ianuario. M.DI.

Viennent ensuite les Épigrammes de Prosper d'Aquitaine, une table des Cantiques de J. Damascène se terminant par ces mots : « Omnia e graeco in latinum e uerbo ad uerbum propter graecarum litterarum rudes. » Les œuvres de J. Damascène, de Cosme, de Marc et de Théophane, en grec et en latin, en regard l'un de l'autre, sont disposées et imprimées de manière qu'on peut les séparer à volonté. Un errata grec termine le volume sans aucune souscription.

In-4°, car. romains, 16 pages, un registre, signat. ff-yy, hh--kk, a-d et 1-4, rel. ancienne.

Nicolas Detroyes. — Ex libris Victoris Bargnyns.

**293.** A 195. **Psalterium quincuplex.** — *Paris*, 1513.

*Titre* : Secunda emissio. Quincuplex psalterium. Gallicum. Rhomanum. Hebraicum. Vetus. Conciliatum. Praeponuntur quae subter adiiciuntur. Epistola. Epilogus disputationis psal. XXX. Appendix in psal. XXX. Prologi Hieronymi tres. Partitio psalmorum triplex. Indices psalmorum duo. — *A la fin* : Absolutum fuit hoc quincuplicis psalterii opus in cœnobio sancti Germani prope muros Parisienses : anno a natali Christi domini 1508. Et in clarissimo Parisiorum gymnasio ex calcotypa Henrici Stephani officina... ad secundam et castigatiorem emissionem susceptum anno... 1513 idibus iuniis.

In-fol., car. romains, 294 ff. chiffrés, front., rel. ancienne.

Ex bibl. Guill. Prousteau.

**294.** A 545. **Psalterium.** — *Venise*, 1515.

*Titre* : 1515 | Psalterium | ex hebraeo diligentissime | ad uerbum fere tralatu : fratre Felice ordinis | Heremitarum sanc- | ti Augustini interprete. — *A la fin* : Anno Christi redemptoris. 1515. die. 5. septembris excusum Venetiis in edibus petri Liechtenstein coloniensis impressoris. Impensis ac sumptibus egregii uiri Danielis Bombergi antuerpiensis.

In-4°, car. gothiques, 64 ff. chiffrés, titres des psaumes en rouge.

Fuliensium Sancti Maximini.

**295.** A 182. **Psalterium hebraicum.** — *Bâle*, 1516.

*Titre* : Sepher Theilim hebraicum psalterium. — *A la fin* : Basileae mense nouembri anno M. D. XVI.

In-16, signat. a—C3 ; à la fin : « Institutiuncula in hebraeam linguam autore Volphango Fabro » ; marque typ. de J. Froben.

Destas dedit Capucinis.

**296.** E 47. **Ptolémée.** — Geographia. — *Strasbourg*, 1513.

*Titre*: Claudii Ptolemei uiri Alexandrini... geographie opus novissima traductione e grecorum archetypis castigatissime pressum. — *A la fin* : Anno christi M. D. XIII. marcii XII. pressus hic Ptolemeus Argentine industria I. Schotti.

In-fol., car. romains, 60 ff. chiffrés, 14 ff. non chiffrés et 15 ff. pour le traité *de locis ac mirabilibus mundi*, 34 cartes (Il en manque 12).

Fr. Minor. Recollect. Aurel.

**297.** E 48. **Ptolémée,** etc. — Même ouvrage. — *Nuremberg*, 1514.

*Titre* : In hoc opere haec continentur noua translatio primi libri geographiae Cl. Ptolomaei... Ioanne Vernero Nurembergen. interprete. Georgii Amiruccii opuscula, Ioannis de Regiomonte epistola ad Bessarionem cardinalem de compositione et usù cuiusdam meteoroscopii. — *A la fin* : Explicit geographicus hic liber per ipsius compositorem atque per Conradum Heinfogel artium et philosophiae magistrum emendatus recognitusque necnon a Ioanne Stuchs Nurembergae impressus anno... millesimo quingentesimo decimo quarto. pridie nonas nouembris phebe ad Iouis contubernium defluente.

In-fol., car. romains, 68 ff.. signat. a-e.

Eloy Gibier. — Seminar. Aurel.

**298.** C 1328. **De re rustica.** — *Venise*, 1514.

*Titre* : Libri de re rustica M. Catonis lib. I. M. Terentii Varronis lib. III. L. Iunii Moderati Columellae lib. XII. Eiusdem de arboribus liber separatus ab aliis, etc. Palladii lib. XIIII, etc. Georgii Alexandrini enarrationes priscarum dictionum quae in his libris Catonis, Varronis, Columellae. — *A la fin* : Venetiis in aedibus Aldi et Andreae soceri mense maio M. D. XIIII.

In-4°, car. romains, 308 ff. chiffrés, et au commencement 34 ff. non chiffrés, au 9e fol. titre avec l'ancre aldine.

**299.** C 2032. **Regimen sanitatis.** — S. l. ni d.

*Titre* : Regimen sanitatis Magnini Mediolanensis medici famosissimi Attrebacensi episcopo directum. Insuper opusculum de fleubotomia editum a perspicacis ingenii uiro magistro Reginaldo de Villanoua. Additur quoque astronomia Hypocratis de uariis egritudinibus et morbis. Item secreta Hypocratis. Item Auerrois de venenis. Item quid pro quo appotecariorum nuperrime castigatum per peritissimum artis medice cultorem Nicholaum Rabby.

In-4°, car. gothiques, 128 ff. chiffrés. (Brunet, suppl. I, 919).

Ad usum fr. Guidonis Provenchere, Augustiniani Aurelii.

**300.** C 174. **Reisch (Georgius).** — Margarita philosophica. — *Bâle*, 1508.

*Titre* : Margarita philosophica cum additionibus nouis ab auctore suo studiosissima reuisione tertio superadditis. — *A la fin* : ... industria Michaelis Furterii et Ioannis Scoti studiosissime pressa Basilee ad. 14. Kal. martias. anno Christi. 1508.

In-4°, car. gothiques, signat. a—R, figures sur bois, rel. ancienne.

**301.** C 175. **Reisch (Georgius).** — Margarita philosophica nova. — *Strasbourg*, 1515.

*A la fin* : ... te bene valere industrius vir Ioannes Gruningerus operis excussor et optat et precatur ex Argentoraco veteri nono Kal. feb. anno decimo quinto supra mille quingentos.

In-4°, car. gothiques, signat. A—K, AB-O, fig. sur bois, rel. ancienne.

Est fr. Stephani Roberti, Augustiniani Aurel.

**302.** C 3070. **Reuchlin (Jean) Capnio dictus.**

1) De verbo mirifico. — *Tubingue*, 1514.

*Titre* : Ioannis Reuchlin Phorcensis LL doctoris liber de uerbo mirifico. — *A la fin* : Tubingae ex aedibus Thomae Anshelmi Badensis. cal. aug. anno. M. D. XIIII.

In-fol., car. romains, 42 lignes, 61 ff. chiffrés.

2) De arte cabalistica. — *Hagueneau*, 1517.

*Titre* : Ioannis Reuchlin... de arte cabalistica libri tres Leoni X dicati. — *A la fin* : Hagenoae apud Thomam Anshelmum mense martio. M. D. XVII.

Car. romains, 40 lignes, 79 ff. chiffrés + 5 non chiffrés ; après le titre grande gravure ayant au milieu un autel avec cette inscription : ARA CAP | NIONIS, rel. ancienne.

Fr. Minorum Recollector.

**303.** D 2544. **Rhodiginus (Lud. Coelius).** — Antiquae lectiones. — *Venise*, 1516.

*Sans titre ; à la fin* : Venetiis in aedibus Aldi et Andreae soceri mense februario M. D. XVI.

In-fol., 862 pages précédées de 40 ff. non chiffrés et suivies de 3 ff. dont le dernier porte l'ancre aldine. Le premier feuillet contient un avis en capitales rouges : SICVTI... — .... IKANH ; au-dessous l'ancre également en rouge ; édition dédiée à J. Grolier.

Collegii Societ. Jesu Aurel. ex dono Lullier doctoris.

**304.** D 2545. **Rhodiginus (Lud. Coelius).** — Même ouvrage. — *Bâle*, 1517.

*Titre*: Lodouici Coelii Rhodigini lectionum antiquarum libri. XVI. Frobenianis excusi typis apud inclytam Basileam. — *A la fin* : Basileae apud Ioannem Frobenium mensis martii. D. XVIII. anno a christo nato M D XVII.

In-fol., car. romains, 862 pages chiffrées, précédées de 40 ff. non chiffrés, le dernier feuillet, qui est blanc, ne contient au verso que la marque typ. renversée de J. Froben, front. orné de 21 portraits, les ff. 2 et 3 ont aussi un front. Copie de l'édition aldine de 1516.

Carmelus Aurel.

**305.** E 1708. **Sabellicus (Marcus Antonius).** — Enneades. — *Venise*, 1504.

*Titre*: Enneades Marci Antonii Sabellici ab inclinatione Ro. imperii ad annum salutis millesimum quingentesimum quartum. — *A la fin* : Impressum Venetiis anno. M. D. IIII. die. XX. octobris.

In-fol., car. romains, 151 ff. chiffrés, 68 lignes.

Boni Nuntii Aurel.

**306.** C 2876. **Sacrobusto (Joh. de).** — Sphera. — *Paris*, 1515.

*Titre*: Iohannis de Sacro busto sphera cum additionibus Petri Curnelli intersectis questionibus dni Petri de Alliaco. — *A la fin*: Caracteribus Michaelis Lesclencher sumptibus uero Ioannis Parvi et Reginaldi Chauderon, anno M D XV.

In-fol., car. gothiques, 2 col., 91 ff. chiffrés, marque typ. de J. Petit.

Seminarii Aurelian.

**307.** A 350. **Secubia (Joannes de).** — Concordantiae bibliorum. — *Bâle*, 1506.

*A la fin*:.... per Ioannem Amorbachium Petri et Frobenium anno 1506.

In-fol., car. romains, 3 col., signat. a. — PP.

Carol. Dupin, can. Cœnoman. 1624.

**308.** C 145. **Senèque.** — Opera. — *Bâle*, 1515.

*Titre*: Ioannes Frobenius uerae philosophiae studiosis S. D. En tibi, lector optime, Lucii Annaei Senecae sanctissimi philosophi lucubrationes omnes additis etiam nonnullis Erasmi Roterodami cura. — *A la fin*: In inclyta Germaniae Basilea. Anno. M. D. XV. mense augusto.

In-fol., car. romains, 636 pages chiffrées, plus 14 ff. non chiffrés pour la table, front., marque typ. de Froben.

De l'Aubespine. — Augustin. Aurel.

**309.** D 2058. **Senèque.** — Tragoediae. — *Paris*, 1514.

*Titre* : L. Annaei Senecae Tragoediae pristinae integritati restitutae. — *A la fin* : Impensis et industria Ascensiana nonis decembr. M. D XIIII.

In-fol., car. romains, 268 ff. chiffrés, front., rel. ancienne.

Collegii Aurel. Societatis Jesu.

**310.** D 2059. **Senèque.** — Même ouvrage. — *Venise*, 1517.

*Titre* : Scenecae (*sic*) Tragoediae. — *A la fin* : Venetiis in aedibus Aldi et Andreae soceri mense octobri M. D. XVII.

In-8°, car. romains, 207 ff. chiffrés + 9 ff. non chiffrés, rel. ancienne.

**311.** E 1212. **Severus (Sulpitius).** — Opera. — *Paris*, 1511.

*Titre* : In hoc uolumine continentur Sulpitii Seueri de uita diui Martini, tractatus beati Odonis abbatis Cluniacensis et (*sic*) reuersione beatissimi Martini ex burgundia, alter tractatus eiusdem quo Martinum apostolis parem esse demonstrat, b. Martini de indiuidue deitatis personarum trinitate religiosa confessio, Fortunati presbyteri carmen sancti Martini uitam quattuor libris complectens, uita S. Gregorii Turonensis archiepiscopi, eiusdem Gregorii de miraculis S. Martini. eiusdem opus ingloriam plurimorum martyrum, eiusdem opus in gloriam Juliani martyris turonensiumque patroni, eiusdem epistola ad b. Sulpitium bituricensem archiepiscopum in uitam sanctorum septem dormientium. — *A la fin* : Exaratum opera Ioannis marchant et impensis Ioannis parui apud Parrhisios anno salutis. 1511. 6 idus iul. (Edit. de Jérome Clichtove).

In-4°, car. romains, 166 ff. chiffrés, rel. ancienne, marques typ. de J. Petit au front. et de Jehan Marchant à la fin. (Cette dernière est la même que celle de Guy Marchant, donnée par Silvestre, n° 39).

Capucinis Aureliae.

**312.** E 432. **Sigebertus Gemblacensis.** — Chronicon. — *Paris*, 1513.

*Titre* : Sigeberti Gemblacensis coenobitae chronicon ab anno 381 ad 1113 cum insertionibus ex historia Galfridi et additionibus Roberti abbatis Montis centum et tres sequentes annos complectentibus promouente d. G. Paruo doctore theologo confessore regio nunc primum in lucem emissum. — *A la fin* : Absolutum est Parisiis... per Henricum Stephanum expensis eiusdem et Ioannis Parui, anno dni cuncta tempora disponentis. M. D. XIII. calendas iunii.

In-4°, car. romains, 164 ff. chiffrés, marque typ. de J. Petit, rel. ancienne.

Barguyn.

**313.** A 409. **Speculum humanae salvationis, Dictionarium pauperum.** — *Paris*, 1503.

1) *Titre :* Speculum humane saluationis in quo patet casus et ruina hominis et modus reparationis. — *A la fin* : Parisiis opera I. Seurre, sumptibus uero Durandi Gerlier et Francisci Regnault, anno M. D. III.

In-8°, car. gothiques, 2 col., 36 ff. chiffrés et 4 ff. non chiffrés pour la table, ouvrage en prose et sans fig., 45 chapitres.

2) *Titre* : Dictionarium pauperum. — *A la fin :* Impressa est hec summa

opera Iohannis Seurre als de Pica necnon sumptibus Dur. Gerlier et Fr. Regnault.

Car. gothiques, 100 ff. chiffrés et 4 ff. non chiffrés pour la table, 133 chapitres, marque typ. de D. Gerlier.

De la Mathinière.

**314.** C 2872. **Sphaera mundi.** — *Venise*, 1518.

*Titre*: Sphera mundi nouiter recognita cum commentariis et authoribus in hoc uolumine contentis uidelicet Cichi Eschulani cum textu, Io. Bapt. Capuani, I. Fabri Stapulensis, Theodosii, Mich. Scoti, Petri de Alliaco, Roberti Linconiensis. — *A la fin:* Venetiis impensis nobilis uiri dni Luce Antonii de Giunta florentini, die ultimo iunii, 1518.

In-fol., car. gothiques, 2 col., 253 ff. chiffrés et un blanc, fig. sur bois.

Capucinis ex dono D. Grata.

**315.** B 674. **Statuta ordinis Cartusiensis.** — *Bâle*, 1510.

*Titre*: Statuta et priuilegia ordinis Cartusiensis feliciter impressa Basilee arte et industria magistri iohannis Amorbachii ac collegarum suorum, impensis domus montis sancti iohannis baptiste prope Friburgum anno domini quingentesimo decimo supra millesimum ad 18 calendas februarias.

In-fol., car. gothiques, 50 ff. chiffrés, gravures, rel. ancienne.

**316.** C 2905. **Stoeffler (Joannes).** — Calendarium. — *Oppenheym*, 1518.

*Titre:* Calendarium romanum magnum de Ioanne Stoeffler iustingensi mathematico authore. — *A la fin* : Exactum insigne hoc atque preclarum opus Kalendarum a Ioanne Stofflerino iustingensi vico in astronomia peritissimo alemanno editum. Impressum in Oppenheym per Iacobum Köbel, die 24 martii mensis. Anno 1518.

In-fol., car. romains, 74 ff. chiffrés au bas des pages, 64 ff. pour l'abacus, la dédicace (en capitales, fol. B) le calendrier, les éclipses (jusqu'en 1573) et les tables lunaires au nombre de 62 (jusqu'à l'année 1579), front.

Emptus Cenomanis 18 assibus anno 1515 mense januario. — C. Meusnier et doct. soc. Sorbonic. 1641. — Seminar. Aurel.

**317.** C 2097. **Taregua (Gabriel de).** — Opera varia. — *Bordeaux*, 1520.

1) *Titre :* Summa diuersarum questionum medicinalium per ordinem alphabeti collectarum per magistrum Gabrielem de Taregua doctorem regentem Burdegale. — *A la fin* : Impressum... Burdegale decima octaua die mensis decembris anno christi millesimo quingentesimo uicesimo per Gaspardum Philippum calcographum prope sanctam columbam morantem.

In-fol., car. gothiques très petits, 2 col., 106 ff. chiffrés + 10 ff., front. rouge et noir, marque typ. de G. Philippe avec un encadrement formé des images de différents saints et du portrait de l'auteur.

2) *Titre* : Textus principis Avicene per magistrum Gabrielem de Taragua.

Car. gothiques, 60 ff. chiffrés, l'avant-dernier fol., coté LXI, a été corrigé à la main ainsi que le dernier, coté LIX.

3) *Titre* : Gabrielis de Taregua in medicina doctoris aggregatio perutilis de curis quarumdam egritudinum. — *A la fin* : Et sic imponitur finis pro nunc huic aggregationi anno dni M. D. XX. in civitate Burdegale.

Car. gothiques, 63 ff. chiffrés.

Capucinis Aurel.

**318.** A 232. **Testamentum novum (graece et latine).** — *Bâle*, 1516.

*Titre:* Nouum instrumentum omne diligenter ab Erasmo roterodamo recognitum et emendatum cum annotationibus. Apud inclytam Germaniae Basileam per Io. Frobenium. — *A la fin* : Basileae in aedibus Ioannis Frobenii mense februario. Anno M.D.XVI.

In-fol., 2 tomes en un vol., car. romains, 14 ff. prélimin. 324 ff. chiffrés + 672 ff. également chiffrés (pour 676), un fol. non chiff. renferme de longs errata, le registre et la souscription, rel. ancienne.

Carmelitis Aurel.

**319.** C 2876. **Thomas Bravardinus.** — Geometria speculativa. — S. l. ni d. (*Paris*, 1505).

*Titre* : Geometria speculatiua Thome Brauardini cum quodam tractatu de quadratura circuli.

In-fol., car. romains, 18 ff. chiffrés, marque typ. de J. Petit.

Seminarii Aurel.

**320.** E 3520. **Trithemius (Joannes).** — De scriptoribus ecclesiasticis. — *Paris*, 1512.

*Titre* : De scriptoribus ecclesiasticis Ioh. de Trittenhem. — *A la fin* : Parisiis anno M.DXII.XV octobr.

In-4°, car. romains, 220 ff. chiffrés + 10 ff. prélimin., marque typ. de Berchtold Remboldt.

Car. Meusnier. — Seminar. Aurel.

**321.** A 2769. **Trithemius (Joannes).** — Sermones. — *Strasbourg*, 1516.

*Titre* : Sermones et exhortationes ad monachos Ioannis Tritemii abbatis spanheimensis. — *A la fin* : Impressi sunt hi duo libri Argentine per Ioannem Knoblouch calchographum impensis Ioannis Haselbergers de augia Constantiensis diocesis. Anno dni M.D.xvi. die uero XXV. mensis augusti.

In-fol., car. gothiques, 2 col., 74 ff.

Oratorii Aurelian.

**322.** C 1556. **Ugo Senensis.**

1) Super Galenum. — *Venise*, **1518.**

*Titre :* Expositio Ugonis Senensis super libros Tegni Galeni. — *A la fin* : Venetiis sumptibus heredum quondam domini Octauiani Scoti Modoetiensis ac sociorum. 9 iunii 1518.

In-fol., car. gothiques, 2 col., 93 ff. chiffrés.

2) Super Hippocratem. — *Venise*, **1517.**

*Titre* : Expositio Ugonis Senensis super aforismos Hippocratis et super commentum Galeni eius interpretis. — *A la fin, ut supra* : ... 18 iulii 1517.

Car. gothiques, 2 col., 159 ff. chiffrés, rel. ancienne.

Fr. Augustin.

**323.** D 1205. **Valerius Flaccus.** — Argonauticon. — *Paris*, **1519.**

*Titre* : L. Valerii Flacci Setini Balbi Argonauticon libri octo cum eruditissimis Aegidii Maserii commentariis. — *A la fin :* Parisiis in chalcographia Iodoci Badii Ascensii ad decimum quartum Kal. febr. anni ad calculum romanum. M.D.XIX.

In-fol., car. romains, 8 ff. prélimin., 114 ff. chiffrés, front., marque typ. de J. Petit.

Capucinis ex dono D. Grata.

**324.** E 3870. **Valerius Maximus.** — Dicta et facta memorabilia. — *Paris*, 1517.

*Titre :* Valerii Maximi dictorum ac factorum memorabilium tam romanorum quam exterorum cum Oliverii Arzignanensis commentario et Iodoci Badii Ascensii familiarissima ac plane dilucida expositione. — *A la fin :* Parisiis a christo nato 1517 quinto Kal. aprileis.

In-fol., car. romains, 2 col., 374 ff. chiffrés plus 4 ff. non chiffrés, marque typ. de J. Petit. Fol. A v° : « Nicolaus Beraldus Remigio Caillivo salutem... »; fol. A 2 r° : « Germano de Ganio J. Badius Ascensius salutem. »

Ex bibl. fr. Minorum Aurel., emptus 12 julii 1651 et constat 20 solid.

**325.** C 173. **Valla (Georgius).** — De expetendis et fugiendis rebus. — *Venise*, **1501.**

*Titre :* Georgii Vallae Placentini uiri clariss. de expetendis et fugiendis rebus opus in quo haec continentur. De arithmetica... — ... et alia plurima quae legendo licet cognoscere. — *A la fin* : Venetiis in aedibus Aldi Romani impensa ac studio Ioannis petri Vallae filii pientiss. mense decembri. M. D. I.

In-fol., car. romains, 14 ff. pour le titre, la table et l'épître de Valla éditeur à J. J. Trivulce, signat. a-pp, A-TT.

Janus Belus 1558. — Ex bibl. Augustin. Aurel. opera fr. Christophori Charbonnier doctoris Sorbonici conventus ejusdem alumni.

**326.** D 618. **Valla (Laurentius).** — In novum Testamentum. — *Paris*, 1505.

*Titre :* Laurentii Vallensis in latinam noui testamenti interpretationem ex collatione graecorum exemplarium adnotationes. — *A la fin* : Finitum est hoc opus in aedibus Ascensianis ad idus aprilis. M. D. V.

In-fol., car. romains, 45 ff. chiffrés, marque typ. de J. Petit.
Boni Nuntii Aurelian.

**327.** D 319. **Valla (Laurentius).** — De elegantia latinae linguae. — *Paris*, 1509.

*Titre* : Laurentii Walle de lingua latina... Item eiusdem utilissime adnotationes in Ant. Randensem et apologus seu actus scenicus in Pogium. — *A la fin* : Impressum est in aedibus Ascensianis ad calendas octobr. M. DIX.

In-fol., car. romains, 2 col., 156 ff. chiffrés, rel. ancienne.
Boni Nuntii Aurelian.

**328.** D 1284. **Varanius (Valerandus).** — De gestis Joannae Darciae. — *Paris*, 1516.

*Titre*: Valerandi Varanii de gestis Ioanne uirginis France egregie bellatricis libri quatuor. — *A la fin*:

I fausto omine dexteroque caelo
I francos sacra uirgo per penates.
Urbatim simul et domesticatim.

In-4°, car. romains, signat. a-l, marque typ. de Jean de la Porte, rel. ancienne.
Boni Nuntii Aurel. 1684.

**329.** C 1974. **Varignane (Guillelmus)** — Secreta sublimia. — *Pavie*, 1519.

*Titre* : Guilielmi Varignane secreta sublimia ad uarios curandos morbos. — *A la fin* : Impressum Papie per magistrum Bernardinum de Garaldis anno domini M. D. XIX. die XV mensis ianuarii.

In-8°, car. gothiques, 136 ff. chiffrés, rel. ancienne.
R. de Massac.

**330.** C 364. **Vergerius (Petrus Paulus), etc.** — De ingenuis moribus. — *Venise*, 1502.

*Titre*: Petri Pauli Vergerii de ingenuis moribus una cum commentariis Ioannis Bonardi presbyteri Veronensis. Basilii de legendis antiquorum libris opusculum diuinum. Traductio de tyrannide ex Xenophonte, Guarini Veronensis in Plutarch. praefatio. — *A la fin* : Impressum Venetiis per Ioannem Tacuinum de Tridino die XIX iulii. M. ccccc. II.

In-4°, car. romains, 76 ff. non chiffrés.
Carmelit. Aurel.

**331.** E 3408. **Vergilius (Polydorus).** — De inventoribus rerum et proverbiorum libellus. — *Venise*, 1503.

*Titre* : Polydori Vergilii Urbinatis de inuentoribus rerum libri tres et prouerbiorum libellus. — *A la fin* : Impressum Venetiis per Ioannem de Cerceto de Tridino alias Tacuinum. M. DIII. die decimo tertio mensis iulii.

In-4°, car. romains, signat. a-l, a-i.

Fr. Minorum Recollect.

**332.** C 1978. **Villanova (Arnaldus de) et Girard de Sollo.** — Trésor des pauvres. — *Paris*, s. d. (1482-1515).

*Titre* : Le trésor des poures selon maistre Arnoult de uille noue et maistre Girard de Sollo, docteur en medecyne de Montpellier. — *La fin a été enlevée, il manque* 10 ff.

In-4°, car. gothiques, 6 ff. prélimin., 155 ff. chiffrés, Brunet, V, 1231.

Boni Nuntii Aurel.

**333.** D 1045. **Virgile.** — Opera. — *Venise*, 1507.

*Titre* : P. Vergilii Bucolica, Georgica, Aeneis cum Seruii commentariis; sequitur Probi in Bucolica et Georgica commentariolus non ante impressus; ad hos Donati fragmenta, Christ. Landini et Ant. Mancinelli commentarii. — *A la fin* : Venetiis excusi. M.D.VII Bernardinus Stagninus impensam fecit.

In-8°, car. romains, signat. a-g, A-P, AA-RRR, marque typ. de B. Stagninus.

**334.** D 1024. **Virgile.** — Opera. — *Lyon*, 1517.

*Titre* : Aeneis Vergiliana cum Seruii commentariis et uariorum annotationibus. Opera Vergiliana docte et familiariter exposita Bucolica et Georgica. — *A la fin* : Impressa sunt haec omnia Lugduni ab Jacobo Sachon. M.DXVII.

In-fol., car. romains, 324 ff. chiffrés et 19 ff. non chiffrés pour la 1re partie et pour la seconde 205 ff. chiffrés.

Hoc volumen est de Roujoux succent. Aurel. — Seminar. Aurel.

**335.** C 3368. **Vitruve.** — Opera cum figuris. — *Venise*, 1511.

*A la fin* : Impressum Venetiis diligentia Ioannis de Tridino alias Tacuino. anno dni. M.D.XI. die 22 maii.

In-fol., car. romains, 119 ff. chiffrés, fig., rel. ancienne, portant sur un des plats VITVVIVS.

Boni Nuntii Aurel.

**336.** D 2542. **Volaterranus (Raphael).** — Commentariorum urbanorum XXXVIII libri et Oeconomicus Xenophontis. — *Bâle*, 1530.

In-fol., 488 ff. chiffrés, rel. Maioli.

Ex bibl. S. Evurtii Aurel.

**337.** E 1040. **Voragine (Jacobus de).** — Legenda aurea. — *Lyon*, 1504.

*Titre* : Legenda hec aurea nitidis excuditur formis claretque plurimum censoria castigatione. — *A la fin* : Finit aurea legenda sanctorum que lombardica historia nominatur compilata per fratrem Iacobum de Voragine natione Ianuensem. Impressa Lugduni per magistrum Claudium Dauost als de Troys, anno dni. M.CCCCC.IV.

In-4°, car. gothiques, 2 col., 215 ff. chiffrés, fig. sur bois, rel. ancienne, marque typ. de Cl. Dauost.

Albinus Berger me possidet.

**338.** D 3048. **Wimpfelingius (Jacobus).** — Adolescentia. — *Strasbourg*, 1511.

*Titre* : Adolescentia Iacobi Wimphelingii cum nouis quibusdam additionibus per Gallinarium denuo reuisa ac elimata. — *A la fin* : Impressum Argentine per industrium calcographum Martinum Flach inibi incolam impensis et sumptibus Ioannis Knoblouch ciuis inclyte urbis Argen. anno salutis nostre millesimo quingentesimo undecimo secunda feria post Viti et Modesti.

In-4°, car. gothiques, 79 ff. chiffrés, rel. ancienne.

Liber inclytae nationis Germanicae.

**339.** A 2755. **Zutphanie (Gerardus).** — De spiritualibus ascensionibus. — S. l. ni d.

*Titre* : Tractatus de spiritualibus ascensionibus.

In-16, car. gothiques, 67 ff.

Celestinorum Amberti.

**340-341.** B 201, B 202. **Alvarus Pelagius.** — De planctu ecclesiae. — *Lyon*, 1510.

*Titre* : Alvari Pelagii de planctu ecclesie desideratissimi libri duo et indice copiosissimo et marginariis additionibus recens illustrati. — *A la fin* : Impressum est hoc opus in famatissimo Lugdunensi emporio apud virum integerrimum Joannem Cleyn bibliopolam anno post Christum natum sesquimillesimo supra decimum septimo ad cal. augustas.

In-fol., car. gothiques, 2 col., 270 ff., marque typ. au commencement et à la fin, front., rel. ancienne.

Guill. Prousteau. — Oratorii Aurel.

**342.** B 1593. **Boerius (Nicolaus).** — In consuetudines Biturigum. — *Lyon*, 1512.

*Titre :* Consuetudines inclite civitatis et septene Biturigum per... Nicolaum

Boerii... glosate. — *La fin manque, mais, d'après Brunet* : Lugduni impresse per Jacobum Myt anno domini MDXII die vero XII mensis februarii.

In-8°, car. gothiques, texte français encadré de la glose, 152 ff., marque typ. de Marnef au commencement.

Boni Nuntii Aurelian.

**343.** B 1610. **Chasseneuz (Bartholomaeus).** — In consuetudines ducatus Burgundiae. — *Lyon*, 1517.

*Titre* : Commentaria Bartholomei de Chasseneuz jurium doctoris advocati regii seu fiscalis heduensis in consuetudines ducatus Burgundie principaliter et totius fere Gallie consecutive. — *A la fin* : Impresse Lugduni in edibus Jacobi Marechal artis impressorie peritissimi sumptibus honesti viri Symonis Vincent ejusdem civitatis bibliopole anno a virginis partu MCCCCCXVII die vero XVII mensis septembris.

In-4°, car. gothiques, 2 col., 14 ff. et CCCLXXXII ff. chiffrés, titre rouge et noir, front., grande planche à la fin, marque typ. de Simon Vincent.

Liber inclytae nationis Germanicae.

**344.** A 1082. **Heures à l'usage d'Orléans.** — *Paris*, 1502.

*Sans titre, au fol. a :* Benedictio Dei patris cum angelis suis sit super me. — *A la fin :* Ces présentes heures à l'usaige de (*le nom est en blanc*) furent achevées le XVIII° jour de aoust mil cinq cens et deux pour Anthoine Vérard.

Vélin in-8°, car. gothiques, 32 lignes, 18 vignettes, encadrement, initiales, calendrier allant de 1500 à 1521. Au fol. b4, on lit : « Hore dive virginis Marie secundum usum Aurelianens. »; ce dernier mot a été écrit à la main ; au fol. h4, le mot Aurelianensis est imprimé ; signat. a-qz, suivies des lettres OR; aa-dd, sans les lettres OR. Les litanies n'ont aucun saint propre au diocèse d'Orléans ; marque typ. d'A. Verard.

Don de l'abbé Dubois, 1824.

**345.** B 1187. **Joannes de Blavasco.** — Ordo judiciarius. — *Lyon*, 1515.

*Titre* : Ordo judiciarius famatissimi et consummatissimi juris utriusque professoris Joannis de Blavasco archidiaconi Bononiensis. — *A la fin :* Impressus Lugduni per Joannem Thomas pridie Kal. jul. anno post virginis partum decimo quinto supra mille et quingentos. Finis.

In-8°, car. gothiques, 2 col., A-p, rel. ancienne, marque typ. de S. Vincent.

Fr. Recollect. Aurel.

**346.** D 1236. **Lullius (Raemundus).** — Opera rhetorica et philosophica. — *Paris*, 1515, 1516, 1518.

1) *Titre :* Raemundi Lulli eremite divinitus illuminati in rhetoricen isagoge perspicacibus ingeniis expectata. — *A la fin* : Sub prelo Ascensiano ad XIIII Kal. decembris anni huius MDXV.

In-4°, car. romains, a-d.

2) *Titre* : Dialectica seu logica nova venerabilis eremite Raemundi Lulli. — *A la fin :* Impressit autem Ascensius III nonas aprilis anno MDXVIII.

18 ff. chiffrés.

3) *Titre* : Duodecim principia philosophie Raemundi Lulli. — *A la fin* : Impressit Jodocus Badius ad XII Kal. martias anno ad calculum romanum MDXVI.

Signat. A-C.

4) *Titre* : Remundi Lulli eremite celitus illuminati metaphysica nova et philosophiae in Averroistas expostulatio. — *A la fin* : Impressit Jodocus Badius Ascensius Parrhisiis ad decimum Kalendas martias anno eiusdem salutis ad supputationem romanam MDXVI.

Signat. A-C, marque typ. au frontispice de chaque opuscule.

Fr. Recollect. Aureliae.

**347.** A 2385. **Maillard (Olivier).** — Sermones de sanctis. — *Paris*, 1504.

*Titre :* Sermones de sanctis rev. patris fratris Oliverii Maillard. — *A la fin* : ... sumptibus Johannis Parvi librarii alme universitatis Parisiensis anno MDIIII sexto decimo die aprilis.

In-8°, car. gothiques, 2 col., 110 ff. chiffrés.

Floriacensis monasterii.

**348.** D 1257. **Mantuanus (Baptista).** — Opera. — *Lyon*, 1516.

*Sans titre, à la fin* : Baptistae Mantuani carmelitae opus impressum in florentissima Lugdunensi civitate solertia Stephani de Basignana Gorgonii carmelitae doctoris theologi in officina Bernardi Lescuyer 1516.

In-8°, signat. A-K12, portrait de l'auteur, armes de Steph. Gorgonius, marque typ., rel. ancienne.

Recollect. Aurel.

**349.** A 2754. **Marulus Spalatensis (Marcus).** — Bene vivendi instituta. — *Bâle*, 1513.

*Titre* : Marci Maruli Spalatensis bene vivendi instituta typo sanctorum salutariumque doctrinarum congesta... — *A la fin* : ... post innumeros hypoplastum sudores cathalogus justorum aere novo... cum Luca Leonardo expensore Adamque Petri de Langendorf impressore fœliciter finit pridie nonas martias e Basilica urbe anno MDXIII.

In-4°, car. romains, 279 ff. chiffrés, front., rel. ancienne.

**350.** B 1481. **Ordonnances royaux.** — *Paris*, 1519.

*Titre* : S'ensuivent les ordonnances et status royaulx faictz par les feuz tres crestiens roys de France... — *A la fin* : ... ont esté imprimées... par

Jacques Nyverd, imprimeur libraire... et ont esté achevez de imprimer ce XX. jour de mars mil cinq cens dix-neuf avant Pasques.

In-8°, car. gothiques, 326 ff. chiffrés, à la fin marque typ. de Iaques Nyverd.

Pro conventu Aurelian. S. Augustini.

381. B 1000. **Petrus de Bella Pertica.** — Questiones aureae. — *Lyon*, 1517.

*Titre :* Questiones auree et singulares famosissimi utriusque juris monarche divi Petri de Bella Pertica. — *A la fin* : Lugduni impensis honesti viri Symonis Vincent dicte civitatis civis et bibliopole, arte et industria Anthonii du Ry ejusdem artis calcographi sub anno domini 1517, die vero XXIII mensis marcii.

In-8°, car. gothiques, 2 col., 180 ff. chiffrés, marque typ. de Sym. Vincent, rel. ancienne.

Christophorus de Villedanne Aurelius dedit Patribus Recollectis Aureliae.

382. B 743. **Rigauld (Vincent).** — Opus. — *Lyon*, 1516.

*Titre* : Opus laudabile et aureum domini Vincentii Rigauld. — *A la fin* : Lugduni impressum expensis Ludovici Martin in calcographia Symonis Bevelaqua anno domini MDXVI, die jovis trigesima octobris.

In-8°, car. gothiques, 2 col., a-t, marque typ. L. M.

Fr. Recollect. Aureliae.

383. B 84. **Sandeus (Filinus).** — Super decretales. — *Lyon*, 1490-1519.

1) *Titre* : Primum volumen Filini Sandei super decretales. — *A la fin* : Lugduni anno a nativitate domini MCCCCCXIX mense junio Ioannes de Iouvelle dictus piston imprimebat.

In-fol., car. gothiques, 2 col., 243 ff. chiffrés.

2) *A la fin* : Impressum Lugduni per Joannem de Jouvelle alias piston anno domini MCCCCCXIX mense augusto.

206 ff. chiffrés.

3) *A la fin, comme* 2)... die XXVI oct.

225 ff. chiffrés.

4) *Au fol.* 66 : Impressa per Nicolaum de Benedictis sub anno domini MCCCCXC ex die XXVI augusti.

66 + 173 ff. chiffrés en chiffres arabes.

In-fol., 4 volumes, rel. ancienne.

Carmel. discalc. Aurel.

384. B 1189. **Thomas Ferratinus.** — Cautele nove. — *Paris*, 1518.

*Titre* : Cautele nove ultra cepolam domini Thome Ferratii de advocatis de Brixia juris utriusque peritissimi. — *A la fin* : Impresse Parsiiis expensis honesti viri Johannis Parvi ejusdem universitatis bibliopole anno domini MDXVIII die vero XVIII marcii.

In-16, car. gothiques, 101 ff. chiffrés, marque typ. de J. Petit, rel. ancienne.

Nicolas de Gyves. — Biblioth. fr. Praedicator. Aurel.

**355.** A 2103. **Vigerius (Marcus).** — Decachordum christianum. — *Paris*, 1517.

*Titre* : Decachordum christianum Marci Vigerii Saonensis controversiaque de instrumentis dominice passionis. — *A la fin :* Impressum in officina Badiana MDXVII ad eidus junias.

In-8°, car. romains, 352 + 30 ff. chiffrés, front., rel. ancienne.

Recollect. Aurel.

**356.** D 1022. **Virgilius.** — Opera. — S. l. n. d. — (*Lyon*, **1492**, d'après Brunet, t. V, p. 1276).

Ce volume in-fol., car. romains, comprend les œuvres de Virgile avec les commentaires de Donat, Landin et Servius et n'a ni commencement ni fin ; 298 ff. chiffrés en chiffres arabes, dont le 8 et le 9 sont souvent représentés par la lettre q, le 7 est toujours imprimé de travers aussi bien que le 1.

Recollect. Aurel.

**357.** B 122. **Zabarella.** — Super decretales. — *Lyon*, 1517-1518.

1) *Titre* : Lectura solennis et aurea excellentissimi juris utriusque doctoris domini Cardinalis Zabarella super primo decretalium. — *A la fin* : Lugduni per Jacobum Mareschal impressa anno domini MDXVIII. die vero XIV aprilis.

In-fol., 350 ff. chiffrés.

2) *Titre* : Lectura super secundo et tertio decretalium. — *A la fin* : Impressa Lugduni per excellentissimum calcographum dominum Jacobum Sacon anno domini MDXVIII die vero XVII mensis martii.

145 ff. chiffrés.

3) *Titre* : Lectura super quarto et quinto decretalium. — *A la fin* : Impressa Lugduni per Jacobum Mareschal probatissimum calcographum XII Kal. dec. 1517.

150 ff. chiffrés.

In-fol., car. gothiques, 2 col. Cet ouvrage comprend 4 volumes, dont le dernier se termine ainsi : « Super Clementinas finiunt feliciter anno domini MDXXII die vero XV aprilis », avec 178 ff. chiffrés en chiffrés arabes imitant les caractères de Nicolas de Benedictis, du n° 354. Rel. ancienne.

Guill. Prousteau.

# I. — TABLE CHRONOLOGIQUE



(1) Ces chiffres indiquent les numéros du catalogue.

| | | |
|---|---|---|
| 1513 | Venise | 253 |
| — | — | 270 |
| 1514 | Lyon | 207 |
| — | — | 245 |
| — | Nuremberg | 297 |
| — | Paris | 232 |
| — | — | 241 |
| — | — | 276 |
| — | — | 201 |
| — | — | 227 |
| — | — | 279 |
| — | — | 271 |
| — | — | 228 |
| — | — | 309 |
| — | — | 123 |
| — | — | 230 |
| — | — | 231 |
| — | — | 266 |
| — | — | 195 |
| — | Tubingue | 302 |
| — | Strasbourg | 139 |
| — | Venise | 185 |
| — | — | 188 |
| — | — | 194 |
| — | — | 298 |
| 1515 | Alcala de Henarès | 189 |
| — | Bâle | 308 |
| — | — | 179 |
| — | Florence | 133 |
| — | Louvain | 122 |
| — | Lyon | 264 |
| — | — | 265 |
| — | — | 224 |
| — | — | 345 |
| — | Paris | 197 |
| — | — | 306 |
| — | — | 137 |
| — | — | 346 |
| — | Strasbourg | 301 |
| — | Venise | 294 |
| — | — | 126 |
| 1516 | Bâle | 295 |
| — | — | 318 |

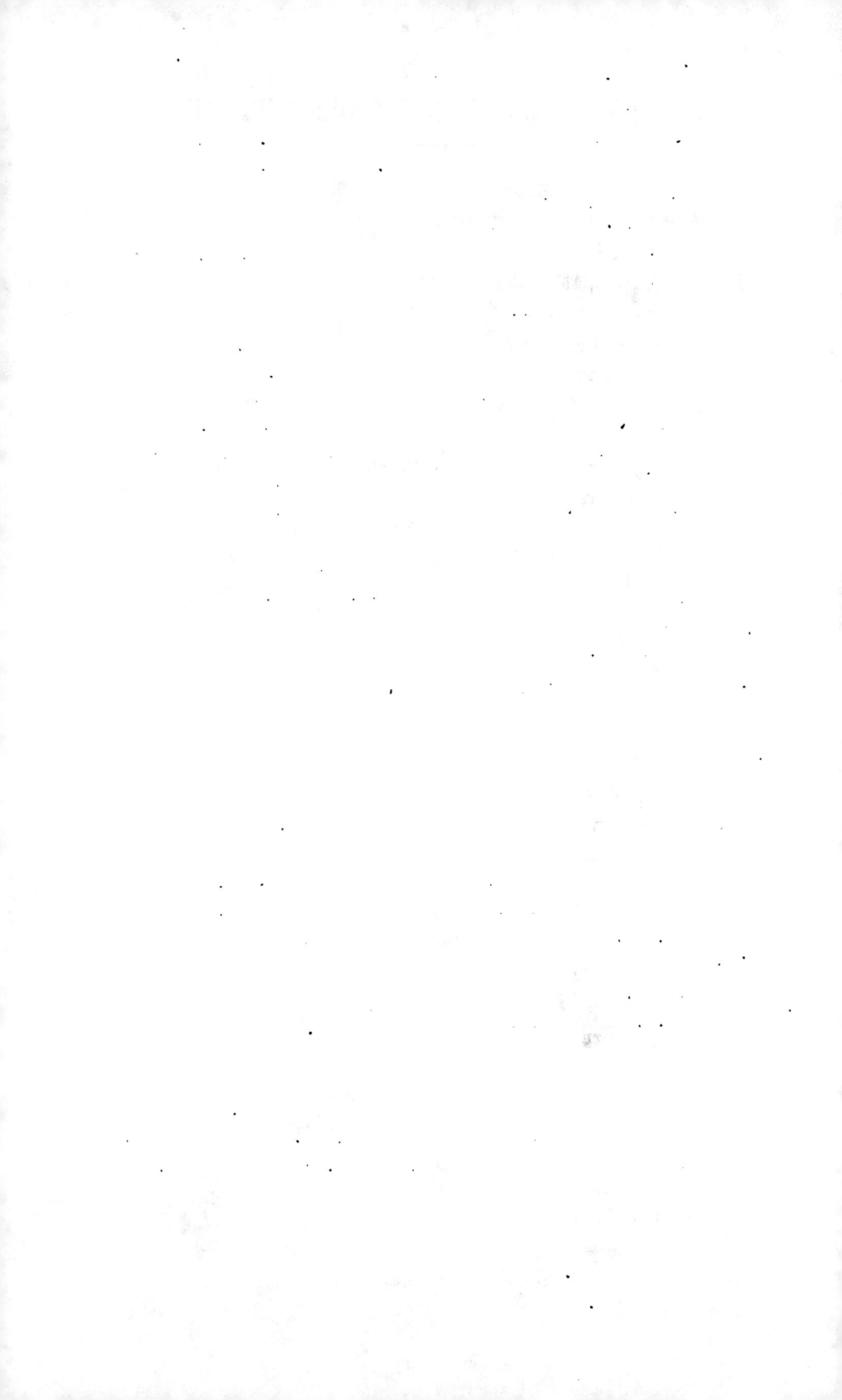

## II. — TABLE DES VILLES & DES IMPRIMEURS

**Alcala de Henares**

Arnaldus Guillelmus de Brocario, 1515.

**Anvers**

Joannes Gravius, 1550.

**Asti**

Franciscus de Silva, 1518.

**Augsbourg**

Erhard Ratdolth, 1480-1491.

**Bâle**

Adamus Petrus de Langendorff, 1513, 1517.
Jacobus de Pfortzen, 1508.
Joannes Amorbachius Petri, 1491-1510.
Joannes Froben, 1506-1518.
Joannes Scotus, 1508.
Lucas Leonardus, 1513.
Michael Furterius, 1508.
Michael Wentzler, 1482.
Nicolaus Episcopius, 1513.
Nicolaus Kessler, 1498.

**Bordeaux**

Gaspardus Philippus, 1520.

**Cologne**

Henricus Quentel, 1480.
Joannes Koelhoff, 1487.
Joannes Landen, 1508.
Nicolaus Caesar Francus Orientalis, 1518.

**Cracovie**

Joannes Clymes, 1504.

**Ferrare**

Laurentius de Valentia, 1490.

**Florence**

Gherardus de Haerlem, 1498.
Nicolaus, 1478.
Nicolaus Laurentius, 1485.
Philippus Junta, 1515-1517.

**Genève**

Adam Steynschauver de Schwinfordia, 1480.
Loys Cruse, 1495.

**Haguenau**

Henricus Gran, 1500.
Johannes Koberger Norimbergensis, 1517-1518.
Johannes Rynman, 1500.
Thomas Anselmus, 1517-1518.

**Landshut**

Joannes Weyssenburger, 1524.

**Louvain**

Joannes de Westfalia, 1493.
Ludovicus Martinus Alustensis, 1515.

**Lyon**

Antonius du Rys, 1517-1520.
Bernabas Chaussard, 1511.
Bernardus Lescuyer, 1516.
Claudius Davost, 1504-1506.
Guillelmus le Roy, 1485.
Jacobus Maillet, 1491.
Jacobus Marechal, 1517.
Jacobus Myt, 1512.
Jacobus Sacon, 1504-1518,
Jacques Herembercht, 1488.
Jehan Dyamantier, 1506.
Johannes Cleyn, 1504-1510.
Johannes Huguetan, 1503-1509.
Johannes de Jouvelle, alias Piston, 1519.
Johannes Moylin, alias de Cambray, 1517-1520.
Johannes de Platea, 1514.
Johannes Syber, 1478-1498.
Johannes Thomas, 1514-1515.
Johannes Trechsel, 1496-1497.
Ludovicus Martin, 1516.
Martin Boillon, 1514.
Mathias Hus, 1494.
Michel Topie de Pymont, 1488.
Nicolaus de Benedictis, 1490-1513.
Nicolaus Wolf de Lutrea, 1502-1503.
Perrinus Lattomi, 1479.
Petrus Mareschal, 1511.
Stephanus Baland, 1509-1515.
Stephanus de Basignana, 1516.
Stephanus Gueynard, alias Pineti, 1514-1520.
Symon Bevelaqua, 1515.

Symon Vincent, 1517.
Vincentius de Portonariis de Triduno, 1512.

**Mantoue**

Joannes Schallus, 1479.

**Mayence**

Schoiffer, 1472.

**Memmingen**

Albertus Kunnen de Duderstadt, 1490-1491.

**Milan**

Joannes Jacobus de Legnano, 1503.
Joannes Petrus de Lomatio, 1492.
Leonardus Pachel, 1503-1510.
Ludovicus de Bebulco, 1512.
Nicolaus Garzon Zola, 1512.
Philippus Lavania, 1475.
Philippus Montegatius, 1492.
Uldericus Scinzenzeler, 1494-1500.

**Nuremberg**

Albert Durer, 1511.
Antonius Keberger, 1493-1501.
Conradus Heinfogel, 1514.
Joannes Stuchs, 1514.
Michael Wolgemuth, 1493.
Sebaldus Schreyer, 1493.
Sebastianus Kamermaister, 1493.
Willelmus Pleydenwurff, 1493.

**Oppenheym**

Jacobus Köbel, 1518.

**Orléans**

Mathieu Vivian, 1491.

**Paris**

Andreas Bocard, 1497-1517.
Antoine Bonnemère, 1512-1519.
Antoine Caillaud, 1483.
Antoine Verard, 1495-1498, 1502.
Bernardus Aubry, 1517.
Bertholdus Remboldt, 1494-1514.
Claudius Chevalon, 1513-1542.
Damianus Hichman, 1520.
Durand Gerlier, 1500-1503.
Félix Baligaut, 1514.

François Regnauld, 1503-1519.
G. Maynyal, 1480.
Galiotus a Prato, 1518-1519.
Gaufredus Marnef, 1511-1519.
Germain Hardouin, 1500-1515.
Gilles Hardouin, 1500-1515.
Guillaume Eustace, 1500-1514.
Guy Anabat, 1500.
Guy Marchant, 1483-1503.
Hémond Lefeuvre, 1521.
Henricus Stephanus, 1506-1520.
Jacobus Ferrebouc, 1516.
Jacobus Lemercier, 1510-1511.
Jacques Nyverd, 1519.
Jean Trepperel (veuve), 1508.
Jehan Jehannot, 1508-1521.
Jehan de La Roche, 1514.
Jehan Pottevin, 1498.
Jehan Richier, 1509.
Joannes Barbier, 1512-1514.
Joannes Bienayse, 1516.
Joannes Frellon, 1511-1513.
Joannes Gourmont, 1502-1520.
Joannes Herouf, 1512.
Joannes Marchant, 1511.
Joannes Parvus, 1483-1504, 1512, 1519.
Joannes de Porta, 1510-1516.
Joannes Seurre, als de Pica, 1503.
Jodocus Badius Ascensius, 1504, 1515, 1517, 1522.
Johannes de Combeleus, 1497.
Johannes Lambert, 1514.
Johannes Philippus Alemannus, 1495-1500.
Lepetit Laurens, 1500.
Ludovicus Martineau, 1483.
Martin Alexandre, 1508.
Martinus Ulrich, 1475.
Michael, 1475.
Michael Lesclencher, 1515.
Nicolas de la Barre, 1500-1511.
Nicolas Hygman, 1486-1520.
Nicolaus de Pratis, 1511-1513.
Olivier Senant, 1505-1511.
Petrus Caesaris, 1473.
Petrus Gaudoul, 1517-1520.

Petrus Levet, 1497.
Petrus Vidoue, 1518-1519.
Philippe Pigouchet, 1500-1512.
Reginaldus Chauderon, 1515.
Robertus Gourmont, 1498-1518.
Simon Colines, 1520.
Symon Vostre, 1499-1511.
Thielman Kerver, 1500-1512.
Udalricus Gering, 1480-1508.
Wolf, 1496.

**Pavie**

Bernardinus de Garaldis, 1511-1519.
Gabriel de Grassis, 1490.
Jacobus de Burgo Franco, 1508-1518.

**Reggio**

Ludovicus de Mazalis, 1506.

**Rome**

Arnoldus, 1470.
Conradus Sweynheim, 1468-1470.
Joannes Maria de Viottis, 1554-1555.
Pannartz, 1468-1470.

**Rouen**

Joannes le Bourgoys, 1491.
Michel Augier, 1502-1530.
Raulin Gauthier, 1507-1534.

**Spire.**

Petrus Drach, 1502.

**Strasbourg.**

Johannes Grienynger, 1515-1528.
Johannes Haselbergers de Augia, 1516.
Johannes Knoblouc, 1511-1516.
Johannes Schottus, 1513-1514.
Martinus Flach, 1498-1511.

**Toscolano**

Alexander Paganinus, 1521.

**Trévise**

Johannes Vercellensis, 1485.

**Trino**

Girardus de Zeys, 1512.
Johannes de Ferraris, alias de Jolittis, 1512-1518.

**Tubingue**

Thomas Anshelmus Badensis, 1514.

**Ulm**

Johannes Reger, 1486.
Johannes Switzer, 1486.

**Venise**

Albertinus de Lissona Vercellensis, 1503.
Aldus et Andreas, 1498-1516.
Andreas Torresanus de Asula, 1488-1501.
Barthold de Zanis de Portesio, 1493.
Bernardinus li Alban, 1498.
Bernardinus Benalus, 1481-1502.
Bernardinus Stagninus, 1507.
Bonetus Locatelli, 1492-1508.
Christoforus de Pensis, 1499-1500.
Daniel Bombergus Antuerpiensis, 1515.
Georgius de Arivabenis, 1487-1495.
Gregorius de Gregoriis. 1490-1502.
Guillelmus de Fontaneto de Monteferrato, 1519.
Hermann Liechtenstein, 1493-1494.
Jacobus Pentius de Leucho, 1505-1515.
Joannes de Cerceti de Tridino, 1503-1511.
Joannes de Colonia, 1476.
Joannes de Forlivio, 1490.
Joannes Rubeus, 1519.
Joannes de Gregoriis, 1502.
Joannes Tacuinus de Trino, 1502-1511.
Lazar de Saviliano, 1491.
Lazar de Soardis, 1505-1511.
Lucas Antonius de Junta, 1509.
Lucas Venetus Dominici, 1482.
Marcus Horigono, 1496.
Matheus Capsaca, 1481.
Matheus de Gherretzen, 1476.
Matheus Venetus, 1498.
Melchior Sessa, 1515-1520.
Octavianus Scotus Modoetiensis, 1483-1517.
Petrus Liechtenstein, 1515.
Petrus de Ravanis, 1520.
Philippus Pinzino, 1496.
Simon de Lucre, 1501.
Thomas de Blavis de Alexandria, 1488.

# III. — TABLE DES AUTEURS.

# IV. — TABLE DES OUVRAGES

# TABLE DES MATIÈRES



Orléans. — Imp. Georges MICHAU et Cie

www.ingramcontent.com/pod-product-compliance
Lightning Source LLC
Chambersburg PA
CBHW052220270326
41931CB00011B/2423